Real-Time Communication: The Backbone of Collaborative Work and Learning

Vani

Índice

1 Introdução

Queremos encontrar resultados quando fazemos pesquisas, repostas quando fazemos perguntas, sendo que para tal são necessárias ferramentas para tentar estar á altura das exigências dos utilizadores. Os *lives* nas redes sociais, as transmissões televisivas de eventos em direto, carros autónomos, aplicações de controlo de maquinaria fabril e videoconferências são hoje uma realidade graças ao desenvolvimento das comunicações em tempo real.

As comunicações em tempo real são muitas vezes confundidas com o processamento de informação em tempo real, sendo que uma atua para que a informação seja distribuída em tempo útil e a outra atua ao nível do processamento da informação.

As comunicações em tempo real traduzem-se numa maneira de partilhar informação e interagir com outras pessoas/colegas através da infraestrutura da rede, como se de facto estivessem frente a frente. Especificamente, são o tipo de comunicações que possuem atrasos de transmissão que se encontram dentro de um espectro controlado, com latência desprezável e com pouca oscilação entre valores de latência, consistindo no envio dos dados num caminho direto entre o emissor e o recetor.

Existe uma diferença notória entre trocar um e-mail com alguém e falar com alguém recorrendo a um serviço de mensagens instantâneas (Facebook Messenger). Um e-mail é um meio de comunicação não tão dependente do tempo, mas mais com foco na fiabilidade do mesmo, ou seja o atraso de transmissão dos dados não é algo que se tenha de ter em conta desde que o e-mail seja de facto transmitido e recebido pela pessoa a quem se pretende falar. Quando estamos a jogar um jogo multijogador em rede, queremos que as nossas ações sejam processadas em tempo útil, se existir uma latência superior a 100 milissegundos geralmente a jogabilidade do mesmo ficará bastante degradada. Começaremos a assistir a componentes do jogo fora do sítio, a jogabilidade não será fluída e por vezes alguns objetos parecerão teletransportar-se.

Outros exemplos de comunicações em tempo real relevantes podem ser:

- ✓ Partilhar ecrã;
- ✓ Ferramentas de colaboração (Google Docs, Sheets, etc.);
- ✓ Rastreio da localização;
- ✓ Chamadas VoIP;
- ✓ Videochamadas;
- ✓ Compra e venda de ações na bolsa de valores;

As comunicações em tempo real podem ser aplicadas às mais variadas indústrias: Firmas de advocacia, serviços financeiros(banca), cuidados de saúde, educação e o comércio de bens, sendo que todas estas áreas beneficiarão e melhorarão os seus processos se usarem comunicações em tempo real.

.1 Descrição do Problema

O sistema operativo *Linux* tornou-se num dos mais populares sistemas operativos nos dias de hoje, mas no que toca ao suporte a aplicações em tempo real, este revela-se algo limitado.

O *kernel* do *Linux* não foi desenhado tendo em vista sistemas com exigentes requisitos, no que toca a funcionar com a aplicações em tempo real, este apenas consegue trabalhar com programas que não sejam tão exigentes no que toca aos prazos de entrega dos pacotes. Existem uma série de fatores a considerar dentro do *kernel* do Linux, que acrescentam uma camada de imprevisibilidade que simplesmente não pode existir quando trabalhamos com programas com requerimentos muito exigentes, programas/sistemas esses que são normalmente conhecidos por *Hard Real-Time Systems*. Como o kernel do Linux apenas consegue garantir o suporte a aplicações que não sejam tão dependentes dos prazos, deadlines, sendo este tipo de programas/sistemas conhecidos como *Soft Real-Time Systems*, é preciso fazer um estudo das potenciais alternativas.

A principal diferença entre sistemas *Hard Real-Time* e sistemas *Soft Real-Time*, baseia-se no facto de que um sistema *Hard Real-Time* ser um tipo de sistema em que uma única falha ao nível de *deadlines* (prazos) pode levar a uma completa falha do sistema em si. Por outro lado, um sistema *Soft Real-Time* pode suportar falhas ao nível dos prazos de entrega da informação que tal não levará a uma falha crítica do sistema, porém o desempenho deste sistema pode ficar degradado e não dar a resposta que pretendíamos obter.

Neste estudo, pretende-se apurar quais as configurações que permitiriam otimizar o sistema, de modo a garantir latências baixas e sem uma grande oscilação nos valores registados, introduzindo a noção de estabilidade do sistema. Serão também testadas alternativas às configurações que podem ser implementadas no sistema.

1.1.1 O que é um *Hard Real-Time System*?

Um sistema *Real-Time*, quando aplicado ao *networking*, é basicamente um sistema que depende da receção e transmissão da informação dentro de um certo limite temporal, sendo que essa medida temporal é normalmente conhecida por latência [1].

No que toca aos sistemas *Hard Real-Time*, o tempo é uma condicionante muito importante, ou seja, o sistema deve operar sempre dentro dos prazos, sendo que se não conseguir cumprir essa tarefa dentro do prazo pode ser considerada uma falha [1].

Falhar tempos de resposta pode ser algo verdadeiramente catastrófico. Tomando como exemplo uma cirurgia remota, em que estão a ser operados braços robóticos, é preciso uma excecional coordenação entre os comandos enviados pelo médico/operador e a ação executada pelo robot. Uma falha ou atraso excessivo na entrega de um dos pacotes, pode levar a uma situação bastante complicada, podendo implicar até o falecimento da pessoa sujeita á operação.

A situação acima descrita relata um bom exemplo de um sistema *Hard Real-Time*, na qual é preciso garantir que os pacotes não têm uma latência inerente demasiado elevada e também que não chegam fora da sua ordem, embora existam métodos para contrariar este problema. Outro excelente exemplo é o controlo de máquinas em ambiente fabril, em que é fundamental que o sistema tenha as melhores condições de maneira a introduzir o menor erro no produto final produzido. A produção de automóveis e o corte laser de metais são exemplos concretos.

Portanto, quando se trata de um sistema *Hard Real-Time*, cumprir os prazos de entrega da informação é algo de crucial importância.

1.1.2 O que é um Soft Real-Time System?

Quando nos referimos a um sistema *Soft Real-Time*, o constrangimento temporal não adquire a mesma importância que nos sistemas *Hard Real-Time* [1].

O sistema deve conseguir enviar a resposta de maneira a conseguir respeitar o prazo, mas pode existir uma pequena tolerância ocasionalmente. Se a resposta não cumprir os requisitos temporais, este atraso não será considerado uma falha desde que chegue mesmo a enviar uma resposta adequada [1].

As repercussões neste tipo de sistemas aquando da falha de deadlines não são tão exacerbadas como nos *Hard Real-Time Systems*. Por exemplo, quando fazemos uma chamada *VoIP*, obviamente queremos ter ao dispor as melhores condições possíveis, mas se eventualmente existirem atrasos nos pacotes a chamada pode continuar a ser exequível, embora se sofra de alguns cortes na mesma. Portanto, a falha dos prazos neste tipo de sistemas não inutiliza por completo o sistema, porém pode degradar o desempenho do mesmo.

1.1.3 Hard *vs Soft Real-Time System*

Para se perceber melhor e diretamente as diferenças entre estes dois tipos de sistemas/aplicações, foi usada a tabela abaixo apresentada, para esquematizar e basicamente resumir todas as particularidades que foram referidas anteriormente.

Sistema	*Hard Real-Time*	*Soft Real-Time*
Em que consiste	Um sistema *Hard Real-Time* não permite qualquer tipo de falhas temporais, podendo uma falha ao corresponder um prazo resultar numa falha catastrófica do sistema.	Num sistema *Soft Real-Time* uma falha ao corresponder um prazo não origina uma falha catastrófica do mesmo.
Restrição	Um sistema *Hard Real Time* é bastante restritivo.	Um sistema *Soft Real Time* não é muito restritivo.
Utilidade	Maior Utilidade deste tipo de sistemas.	Menor utilidade.
Exemplos	• Controlo Aéreo; • Cirurgia Remota; • Controlo de Robots Fabris;	• Chamadas VoIP; • Videoconferências; • Jogos multijogador em rede;

1.2 Objetivos do trabalho

A dissertação aborda principalmente o sistema operativo *Linux*, mais concretamente a funcionar como um dispositivo de *routing*, no qual serão testados métodos para se tentar alcançar as comunicações em *real-time* de forma mais estável. Este trabalho será na sua essência um aglomerado de experiências que permitam caracterizar o que se pode esperar em termos de comunicações em tempo real de uma máquina *Linux* comum, bem como afinações e mecanismos que podem ser usados para melhorar as características dessas comunicações.

O que se pretende é:

- Apurar as capacidades de *real-time* do *kernel* do *Linux*, mais particularmente do sistema que será usado para as experiências, de modo a perceber se este pode ser considerado ou não como uma hipótese quando se pretende obter comunicações com latência relativamente baixa e de preferência com pouca variação.
- Perceber o que configurar e como configurar é um dos desafios, uma vez que algumas configurações podem produzir resultados contraditórios.
- Tentar perceber quais as fontes de atraso dos pacotes são passíveis de controlo, e, portanto, possíveis de serem de facto mitigadas ou reduzidas, e quais não podem ser modificadas de todo.
- Estudar as alternativas existentes no mercado e descobrir como estas alternativas exploram e tentam resolver todas as possíveis fontes de atraso da informação. O *eXpress Data Path* será a alternativa exterior às configurações do *kernel* que se testará, sendo que será explicado o seu funcionamento mais á frente neste relatório.
- Comparar os resultados/ganhos de maneira a se tentar perceber se estes são de factos significativos, bem como tentar entender qual a ordem de magnitude dos ganhos temporais/desempenho de cada uma das alternativas estudadas.
- Entender que a ausência ou não de resultados não pode ser generalizada a todos os sistemas baseados em *Linux*, uma vez que existem sistemas com *hardware* específico, inteiramente dedicado a este tipo de comunicações.

1.3 Estrutura da Dissertação

Os próximos capítulos da Dissertação organizar-se-ão do seguinte modo:

- Capítulo 2 – Estado da Arte: Neste capítulo discutem-se as características do *networking* em *Linux*, bem como apurar se tem ou não condições para dar resposta a aplicações com exigentes requisitos ao nível das comunicações em tempo real. Também serão descritas algumas alternativas que foram surgindo no mercado de maneira a dar resposta a este problema.

- Capítulo 3 – Configuração, Testes e Análise de Resultados: Neste capítulo discute-se como configurar as diversas otimizações que se testarão, de modo a tentar dar resposta ou soluções para melhorar o desempenho do sistema, no que toca às latências individuais de cada pacote gerado por uma aplicação interativa, como por exemplo o controlo de um braço robótico em ambiente fabril. Para além das possíveis configurações que se possam fazer ao sistema para otimizar as latências dos pacotes, pretende-se também testar uma solução pouco orientada para a configuração e mais orientada á programação, o *eXpress Data Path*. Serão apresentadas as especificações do sistema de teste, tanto a nível de *hardware* bem como a nível de *software*, e explicar-se-á como é feito o cálculo da latência de cada pacote. Por fim, introduzir-se-ão gráficos, sendo feita uma análise, para se perceber se qualquer uma das soluções apresentadas surtiu melhorias significativas.

- Capítulo 4 – Conclusão: Neste capítulo são explicitadas as conclusões tiradas a partir dos testes realizados no capítulo anterior.

stado da Arte

Neste capítulo serão discutidos os diferentes problemas dos sistemas baseados em *Linux*, os mecanismos que são utilizados para fazer face a esses problemas e apresentar a estrutura de rede dos sistemas baseados em *Linux*.

Será também apresentada, para além dos mecanismos do próprio *Linux*, uma solução concorrente que é o *eXpress Data Path*.

.1 Pilha de rede do *kernel* do *Linux*

As filas de pacotes são um componente fundamental de qualquer dispositivo e/ou pilha de rede, devido ao facto de permitirem que módulos assíncronos possam comunicar entre si, aumentando o desempenho, mas aliado a um efeito secundário, a latência [2]. Neste ponto pretendo expor onde os pacotes *IP* ficam em espera na rota de transmissão da pilha de rede do *Linux*, tentar abordar algumas novas técnicas que têm em vista a redução do atraso de transmissão dos pacotes e perceber como controlar o *buffering* de modo a obter uma latência menor [2].

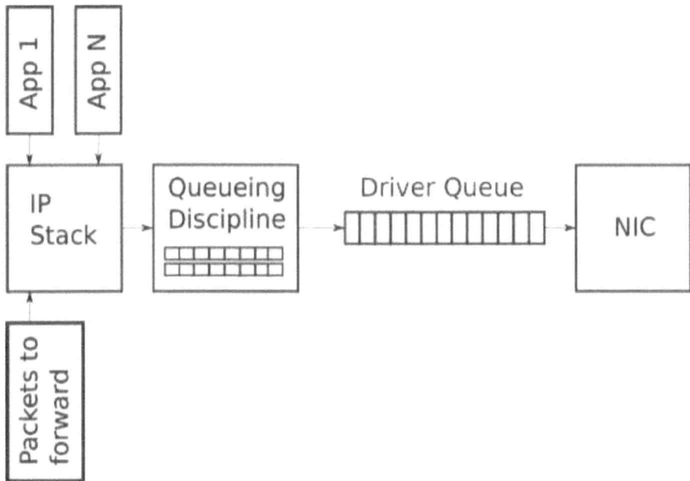

1 - Filas de espera na rota de transmissão da pilha de rede do *Linux* .

https://www.coverfire.com/articles/queueing-in-the-linux-network-stack/ [accessed 15 Aug, 2020]

O *NIC* (*Network Interface Controller*), é uma placa de circuitos que providencia uma conexão de rede ao sistema. Pode também ser chamado de adaptador de rede ou adaptador *LAN* [2].

A pilha *TCP/IP* é um conjunto de protocolos de comunicação, sendo que *TCP* provém de *Transmission Control Protocolo* e *IP* de *Internet Protocol*. Este conjunto de protocolos está dividido em quatro camadas distintas:

- Camada de Aplicação;
- Camada de Transporte;
- Camada de Rede;
- Camada de Interface de Rede;

O *Device Driver* faz a mediação entre o *hardware* da placa de rede e o resto do sistema. A *Driver Queue*, é uma fila de espera que geralmente está configurada como *FIFO* (*First-in-First-out*).

2.1.1 Queueing Discipline

Entre a camada IP e a camada de ligação lógica, temos a disciplina de *queueing* (*QDisc*). Esta funcionalidade aplica as capacidades de gestão do tráfego do *kernel* do *Linux*, que inclui classificação do tráfego, atribuição de prioridades e moldagem da taxa de transmissão. A *QDisc* é configurada através de um comando *tc* [2].

QDisc é abstração do *Linux* para as filas de tráfego que possibilitam soluções mais complexas de que as regulares filas *FIFO*, também parte integrante da *QDisc*. Este mecanismo permite levar a cabo comportamentos mais complexos de gestão de filas sem ter a necessidade de pedir á pilha *IP* ou ao *NIC* para ser modificado. Por definição, são atribuídas a todas as interfaces de rede uma *QDisc pfifo_fast* que implementa um esquema configurável de bandas, baseado nos *bits* do *TOS* (*Type of service*) [2].

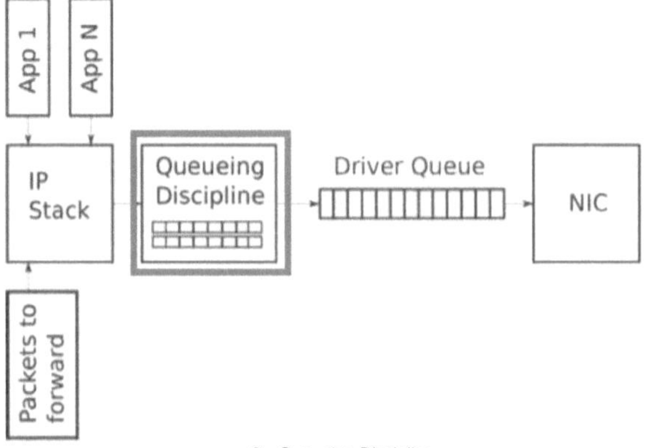

2 - *Queueing Discipline.*

https://www.coverfire.com/articles/queueing-in-the-linux-network-stack/ [accessed 15 Aug, 2020]

2.1.2 Fila do dispositivo

Entre a pilha *IP* e o controlador da interface de rede (*NIC*) fica a fila de espera do controlador (*Driver Queue*), estando esta fila de espera tipicamente implementada como um *Ring Buffer FIFO* (first-in, first-out). Esta fila não contém a informação dos pacotes, porém consiste em descritores que apontam para outras estruturas de dados chamadas *socket kernel buffers* (*SKBs*) que possuem todas as informações dos pacotes, sendo estas estruturas usadas ao longo do *kernel* [2].

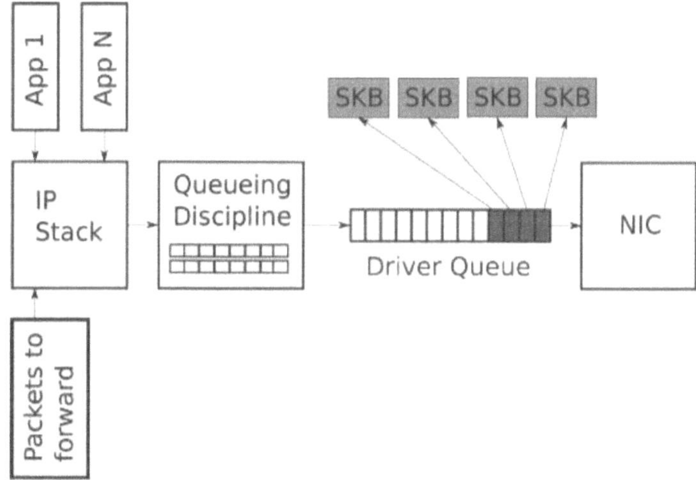

3 - Fila do dispositivo parcialmente cheia com os *descriptors* a apontar para as *SKBs*.

https://www.coverfire.com/articles/queueing-in-the-linux-network-stack/ [accessed 15 Aug, 2020]

A fonte de entrada da fila de espera do dispositivo é a pilha *TCP/IP* que armazena os pacotes *IP*, podendo estes ser gerados localmente ou recebidos numa *NIC* e passados a outro, quando a máquina está a funcionar como um *router IP*. Os pacotes que são adicionados á fila de espera do dispositivo pela pilha *IP* são posteriormente tratados pelo dispositivo de *hardware* e enviados através de um *bus* de dados para o *hardware* da interface de rede para transmissão [2].

A fila de espera do dispositivo existe para assegurar que quando o sistema tem dados para transmitir estes estão imediatamente á disposição do *NIC* para transmissão, isto é, a fila de espera atribui uma localização para a pilha *TCP/IP* guardar os dados assincronamente da operação do *hardware* [2].

Numa implementação alternativa, a *NIC* podia requisitar dados à pilha *TCP/IP*, dados sempre que o meio físico estivesse pronto para transmitir. Contudo, como as respostas a estes pedidos não podem ser instantâneas, este tipo de implementação gasta tempo valioso, falhando oportunidades de transmissão, resultando num menor rendimento [2].

O oposto da implementação descrita no parágrafo anterior seria fazer a pilha *TCP/IP* esperar que o hardware esteja pronto para transmitir, após a criação de um pacote. Esta solução também não é a ideal uma vez que a pilha *IP* ficaria dependente do *hardware* e não poderia processar mais informação [2].

2.1.3 Pacotes grandes

A maioria dos *NIC* possuem uma unidade máxima de transmissão (*MTU*) fixa, que é a maior trama que pode ser transmitida pelo meio físico. Para *Ethernet*, a *MTU* padrão é 1500 *bytes*, mas algumas redes *Ethernet* suportam tramas maiores (*Jumbo Frames*) que podem chegar até 9000 *bytes*. Dentro da pilha *IP*, o *MTU* traduz-se no limite do tamanho dos pacotes que são enviados ao dispositivo para transmissão. Por exemplo, se uma aplicação escreve 2000 *bytes* para uma *socket TCP*, a pilha *IP* precisa de criar dois pacotes para manter o tamanho do pacote igual ou inferior a 1500 *bytes*. Para grandes transferências de informação, um *MTU* pequeno causa a criação de um grande número de pequenos pacotes que depois têm de ser passados á fila de espera do dispositivo [2].

Existe também um beneficio de usar tramas mais longas, uma vez que se obtém um desempenho maior, devido ao facto de haver um menor *overhead*, porém se houver uma aplicação interativa a produzir pacotes pequenos regularmente, estes podem ficar atrás de uma destas tramas longas, aumentando a latência sentida nesse tipo de pacotes.

Há que tentar encontrar um equilíbrio entre pacotes grandes, que significam necessariamente uma maior eficiência, uma vez que será reduzido o *overhead* inerente á divisão do pacote grande em pacotes mais pequenos, resultando em menos acessos ao meio e menos períodos de contenção e pacotes mais pequenos que estão aliados a uma latência consideravelmente mais baixa, porque não ficam presos atrás de um pacote grande á espera que este seja transmitido.

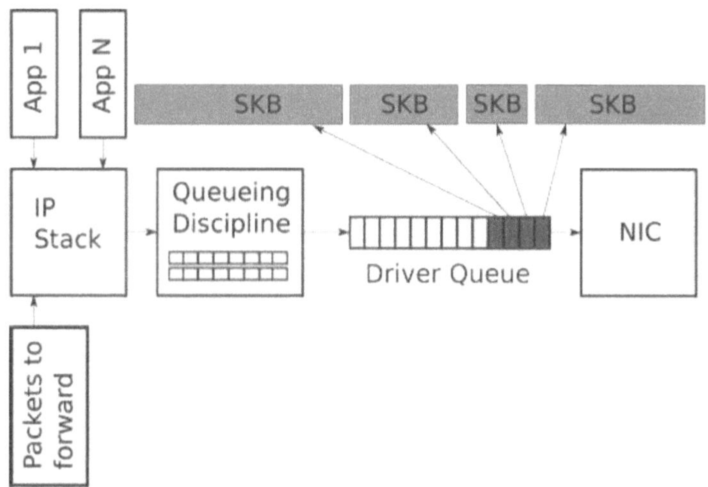

4 - Pacotes grandes podem ser enviados para o *NIC* quando o *TSO*, o *UFO* e o *GSO* estão ativos.

https://www.coverfire.com/articles/queueing-in-the-linux-network-stack/ [accessed 15 Aug, 2020]

2.1.4 TSO, *UFO* e *GSO*

De maneira a tentar reduzir o overhead associado a um grande número de pacotes em espera para serem transmitidos foram introduzidas três otimizações: o *TCP segmentation offload (TSO), UDP fragmentation offload (UFO)* e *generic segmentation offload (GSO)* [2].

O *NIC* que transmitirá os pacotes tem a limitação imposta pela *MTU* e o objetivo destas otimizações será assegurar a produção de pacotes com tamanho superior á *MTU* definida no *NIC*, sendo que ao serem gerados pacotes com tamanhos maiores será consequentemente reduzido o número de pacotes gerados pela aplicação e que se encontram em espera. Ao termos pacotes maiores é reduzido o número de vezes que se acede ao meio, tendo o compromisso de aumentar a latência de pacotes que estejam posicionados atrás destes pacotes maiores [2].

Para *IPv4*, os pacotes podem ser tão grandes como o máximo do *IPv4*, 65536 *bytes* [2]. No caso do *TSO* e do *UFO*, o *hardware* do *NIC* é responsável por dividir o pacote grande em pacotes mais pequenos de maneira a poderem ser transmitidos na interface física. Para *NICs* sem o suporte do *hardware*, o *GSO* executa a mesma operação em *software* imediatamente antes de adicionar os pacotes á fila de espera do dispositivo.

Como foi referido anteriormente, a fila de espera do dispositivo possui um número fixo de descritores em que cada um aponta para pacotes de tamanho variável. Sendo que o *TSO*, o *UFO* e o *GSO* permitem pacotes substancialmente maiores, estas otimizações têm a consequência de aumentar bastante o número de *bytes* que podem ser postos em espera na fila do dispositivo.

2.1.5 Latência e Inanição

Apesar da sua importância e demais benefícios associados, na fila de espera entre a pilha *IP* e o *hardware* podem ser introduzidas duas contrariedades: inanição e latência.

Se o controlador do *NIC* decidir tratar pacotes da fila de espera, para posteriormente transmiti-los, e esta se encontrar vazia, o *hardware* vai falhar uma oportunidade para proceder á transmissão, reduzindo o desempenho do sistema (*throughput*) [2]. Este problema é conhecido como inanição (*starvation*), sendo de notar que quando a fila de espera está vazia porque o sistema não tem nada para transmitir não se enquadra no cenário de inanição, uma vez que é normal. A contrariedade associada ao tentar evitar a inanição é que a pilha *IP* que trata de encher a fila de espera do dispositivo e *hardware* responsável por esvaziar essa mesma fila trabalham assincronamente [2]. A duração entre os eventos de encher ou esvaziar varia de acordo com a carga do sistema e condições externas, como o meio físico da interface de rede. Por exemplo, num sistema sobrecarregado de tarefas, a pilha *IP* vai dispor de menos oportunidades para adicionar pacotes à fila de espera do dispositivo, o que aumenta a probabilidade de o *hardware* esvaziar a fila antes de mais pacotes serem adicionados [2]. Por esta razão é vantajoso ter uma fila de espera grande para reduzir a probabilidade de inanição e assegurar um alto desempenho.

Se uma aplicação gerar pacotes demasiado depressa, esta será bloqueada pelo controlo de fluxo, que impede um fluxo de dados de se apoderar de toda a capacidade de transmissão.

Embora uma fila de espera maior seja necessária para um sistema sobrecarregado manter um desempenho alto, tem a potencial desvantagem de introduzir uma quantidade considerável de latência. Por vezes fila de espera maiores podem não conduzir a uma maior eficiência, pois pode ocorrer o problema designado como *bufferbloat*.

Problema: Bufferbloat

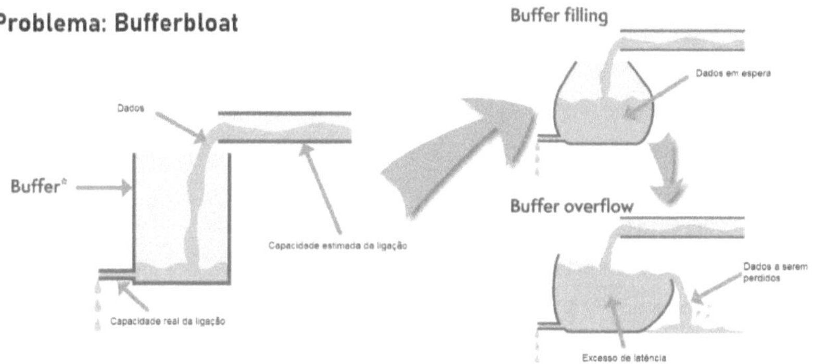

5 - Problema do *Bufferbloat*.

Na figura abaixo podemos ver uma fila do controlador (*driver queue*) que está quase completa com segmentos *TCP*, para um fluxo de tráfego com grande quantidade de dados (muitos pacotes seguidos) e com uma considerável capacidade. Atrás destes pacotes todos encontra-se um pacote de uma chamada *VoIP* ou de um fluxo de informação associado a um jogo *online* (a amarelo), sendo que a latência se deve ao facto de se ter de transmitir primeiro todos os pacotes azuis. Este tipo de aplicações interativas, tipicamente produzem pacotes pequenos durante um determinado intervalo de tempo, e são sensíveis ao atraso. Em antítese, uma transferência de dados com uma *bandwidth* grande gera um maior fluxo de pacotes, sendo estes também maiores, levando a que a fila de espera fique cheia, causando o atraso de transmissão daquele pacote amarelo.

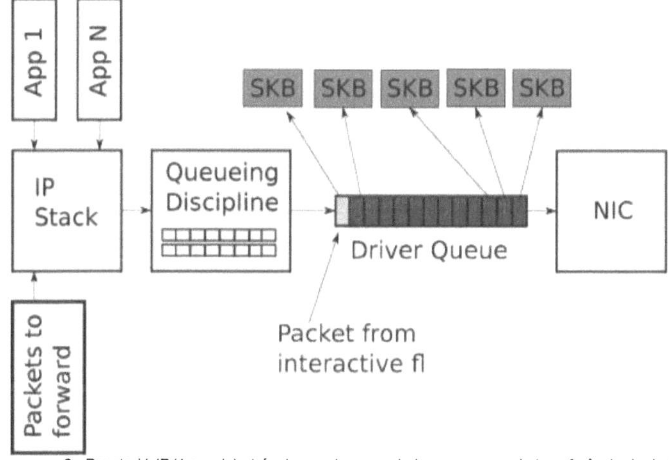

6 - Pacote *VoIP* (Amarelo) atrás de pacotes associados a uma grande transferência de dados.

https://www.coverfire.com/articles/queueing-in-the-linux-network-stack/ [accessed 15 Aug, 2020]

Para se perceber melhor o problema, consideremos o seguinte exemplo:

- A interface de rede é capaz de transmitir 5 Mb/s ou 5000000 bits/s.
- Cada pacote pertencente á grande transmissão de dados tem 1500 bytes ou 12000 bits.
- Cada pacote do fluxo de dados interativo tem 500 bytes.
- A fila possui capacidade para 128 descriptors.
- Então estão 127 pacotes pertencentes á transferência de dados e apenas um do fluxo de dados interativo.

Tomando em consideração os parâmetros anteriores, o tempo que será necessário para encaminhar os 127 pacotes, de modo a criar uma oportunidade de transmissão para o pacote *VoIP* é: (127*12000) / 5000000 = 0.304 segundos [2]. Esta quantidade de tempo está além do aceitável para uma aplicação interativa, como uma chamada *VoIP*, não estando sequer incluído o tempo de retorno do pacote.

O tamanho da fila pode ser definido tanto em pacotes como em *bytes*.

Como ficou explícito, escolher o tamanho da fila de espera é um problema difícil de resolver, sendo que não pode ser demasiado pequena pois afetaríamos o desempenho e também não pode ser grande demais, devido ao facto de introduzir latência.

2.2 Otimizações

2.2.1 Byte *Queue Limits*

Os *BQL* são uma funcionalidade dos *kernels Linux* recentes que tenta solucionar o problema da fila de espera do controlador, visto que o seu tamanho é decidido automaticamente. Este objetivo é alcançado ao adicionar uma camada que ativa/desativa o fluxo de pacotes para a fila de espera do controlador, baseado no cálculo do tamanho mínimo de *buffer* necessário para evitar inanição.

Esta funcionalidade está ativa por predefinição, contudo é possível mudar os parâmetros de modo a aumentar o desempenho do algoritmo.

É essencial entender que o tamanho da fila não é alterado pelo *BQL*. Em contrapartida, o *BQL* calcula um limite de dados que podem ser postos em espera no intervalo de tempo atual. Qualquer quantidade de bytes que passem acima deste limite devem ser guardados ou descartados pelas camadas acima da fila de espera do controlador.

O mecanismo *BQL* opera quando dois eventos ocorrem: quando os pacotes são guardados na fila de espera e quando uma transmissão se deu como completa. Na primeira fase do algoritmo *BQL*, após serem adicionados os pacotes á fila de espera, é feita uma verificação para apurar se o número de *bytes* em espera supera o limite definido no algoritmo, sendo que se este cenário se verificar, o algoritmo impede que mais dados sejam postos em espera [2]. De realçar que a quantidade de dados em espera pode exceder o LIMITE, uma vez que os dados são postos em espera antes da verificação ocorrer.

A segunda fase do *BQL* é executada depois de o hardware completar a transmissão:

<table>
<tr><td>

Após o término do envio de pacotes

|

Se (o *hardware* sofreu inanição no intervalo)

Aumentar LIMITE

|

Senão Se (o *hardware* esteve ocupado e ainda sobram bytes)

Diminuir LIMITE no número de *bytes* não transmitidos

|

Se (o número de *bytes* em espera for menor que o LIMITE)

Permitir mais dados em espera no *buffer*

</td></tr>
</table>

O *BQL* baseia-se no teste de inanição do dispositivo. Se ficou no estado de inanição, então o LIMITE é aumentado, permitindo que mais dados possam ficar em espera, o que reduz a probabilidade de inanição. Se o dispositivo esteve ocupado durante o intervalo de tempo e ainda existem *bytes* para transmitir, então a fila é maior do que o necessário e o LIMITE é diminuído para controlar a latência [2].

Um exemplo real pode clarificar em que medida o *BQL* afeta a quantidade de dados que podem ser postos em espera. Num servidor, a fila está pré-definida para 256 *descriptors*. Tendo em conta que o *MTU*, associado ao *Ethernet,* é de 1500 bytes, isto significa que 256*1500 = 384000 bytes podem ser postos em espera. Em contrapartida, o limite calculado pelo *BQL* é de 3012 bytes, ficando demonstrado que o *BQL* limita bastante a quantidade de dados que podem ser postos em espera [2].

É possível especificar um limite máximo para o algoritmo, o que nos trará vantagens no âmbito do *Real-Time*.

O *BQL* limita o atraso de transmissão, devido ao fato de introduzir um limite na quantidade de informação que pode ser posta em espera. Introduz também um efeito colateral, que se traduz na movimentação do ponto onde a maioria dos pacotes está em espera, da fila de espera do controlador para a camada da *queueing discipline* que é capaz de implementar estratégias de filas de espera mais complicadas.

2.2.2 Queueing *Disciplines*

A fila de espera do controlador no Linux está geralmente configurada como um *ring buffer FIFO*, tratando todos os pacotes de igual forma, sem ter a capacidade de distinguir os pacotes de diferentes fluxos. Este *design* mantém o *software* do *NIC* simples e rápido, havendo a necessidade de realçar que *NICs Ethernet* mais avançados e *NICs* para comunicações *wireless* suportam múltiplas filas de espera, mas cada uma delas é tipicamente *FIFO*. Uma camada superior é responsável por escolher qual das filas de transmissão usar.

Entre a camada IP e a camada de ligação lógica, temos a disciplina de *queueing* (*QDisc*) [2]. Esta funcionalidade aplica as capacidades de gestão do tráfego do *kernel* do *Linux*, que inclui classificação do tráfego, atribuição de prioridades e moldagem da taxa de transmissão. A *QDisc* é configurada através de um comando *tc*. Existem três conceitos chave para entender acerca da camada *QDisc*: *QDiscs*, classes e filtros.

QDisc é abstração do *Linux* para as filas de tráfego, ou o algoritmo de serviço para essas filas, que possibilitam soluções mais complexas de que as regulares filas *FIFO*, que são apenas uma das inúmeras Qdiscs disponíveis. Este mecanismo permite á *QDisc* levar a cabo comportamentos mais complexos de gestão de filas sem ter a necessidade de pedir á pilha *IP* ou ao *NIC* para ser modificado. Por definição, são atribuídas a todas as interfaces de rede uma *QDisc pfifo_fast* que implementa um esquema configurável de priorização de bandas, baseado nos *bits* do *TOS* (*Type of service*) [2].

O segundo conceito que está relacionado com a *QDisc* é a classe. *QDiscs* individuais podem implementar classes para gerir partes do tráfego de forma diferente. Por exemplo, a *QDisc Hierarchical Token Bucket* (*HTB*), permite ao utilizador configurar classes 500 *Kbps* e 300 *Kbps* e encaminhar o tráfego para cada uma delas conforme o desejado [2]. Nem todas as *QDiscs* suportam múltiplas classes, havendo também *QDiscs* não orientadas a classes [3].

Os filtros são os mecanismos usados para classificar o tráfego para uma *QDisc* ou classe em particular. Existem muitos tipos de filtros de complexidade variável. O *u32* é o mais comum e provavelmente o mais fácil de usar.

2.2.2.1 *Prio*

Esta *Qdisc* funciona de uma maneira bastante simples, implementando um esquema de classes, dividindo o tráfego entre as classes conforme a sua prioridade. São usados filtros para atribuir a cada classe os pacotes que correspondam aos parâmetros especificados.

Quando se encontra tudo preparado para processar pacotes, é verificada a primeira classe, de modo a perceber se existem pacotes para serem processados. Se existirem pacotes na classe, estes são processados, caso contrário é verificada a próxima classe e assim sucessivamente até não existirem mais classes para se verificar [3].

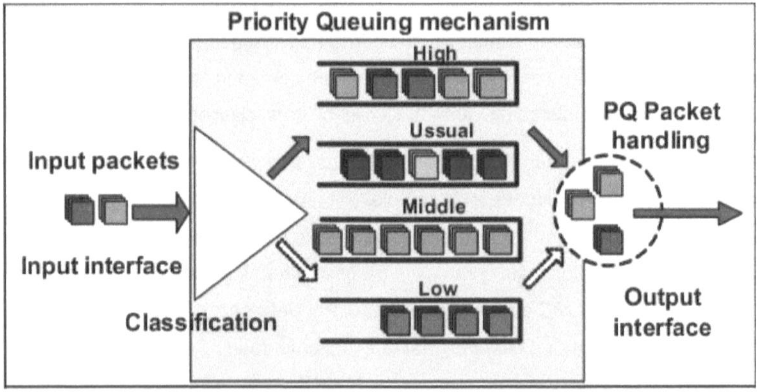

7 - Exemplo de funcionamento da *Qdisc Prio*.

https://www.researchgate.net/figure/Priority-Queuing-Mechanism_fig1_308086639 [accessed 24 Sep, 2020]

2.2.2.2 *Pfifo*

A *pfifo* é a base da *pfifo_fast* que vem habitualmente configurada como padrão nas interfaces dos sistemas baseados em *Linux*. Os pacotes são transmitidos á medida que vão sendo recebidos, obedecendo á norma *FIFO* (*First-in-First-Out*).

O único parâmetro configurável é o tamanho da fila *FIFO*, sendo que se o limite for em pacotes, a *Qdisc* é designada por *pfifo*, mas se o limite for definido em *bytes*, então a designação da *Qdisc* é *bfifo* [3].

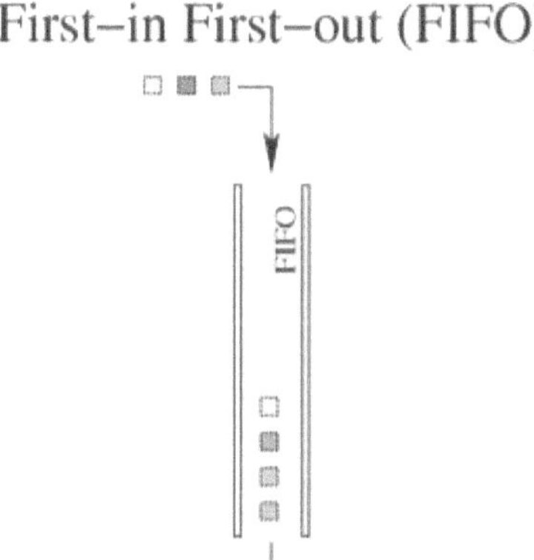

8 - Esquema de funcionamento da *Qdisc pfifo*

https://tldp.org/HOWTO/Traffic-Control-HOWTO/classless-
qdiscs.html#qs-fifo [accessed 24 Sep, 2020]

2.2.2.3 *Fq_codel*

Esta *Qdisc* conjuga o conceito de escalonamento justo (*Fair Queueing*) com o esquema *Codel* (*Controlled Delay*). É usado um modelo estocástico para classificar os pacotes, que chegam á interface, em diferentes fluxos de pacotes, garantindo que todos os fluxos recebem uma parte igual da capacidade usando para isso a fila de espera [3].

Cada fluxo individual é controlado pela *Qdisc Codel*, que mede o mínimo atraso da fila de espera local e compara com o valor de atraso de fila aceitável, definido no parâmetro *target*. Enquanto o valor mínimo de atraso for menor que o *target* ou o *buffer* possuir menos *bytes* do que a *MTU*, os pacotes não são descartados.

Os pacotes são descartados, quando o valor mínimo de atraso da fila de espera é superior ao valor definido no parâmetro *target* por um período superior ao definido em *interval* [3].

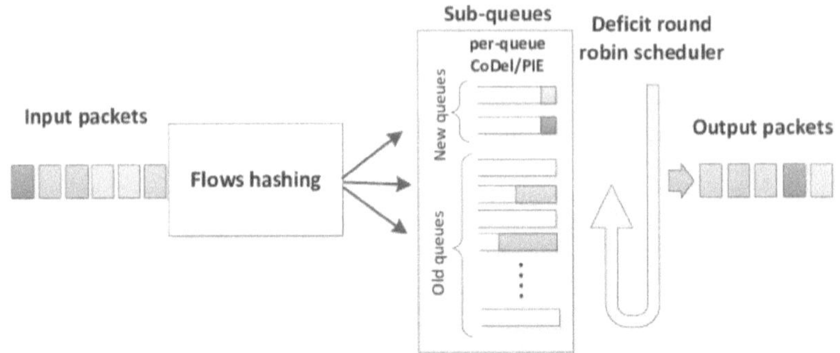

9 - Esquema de funcionamento da *Fq_codel*.

https://www.researchgate.net/figure/Simplified-FQ-CoDel-FQ-PIE-AQMs_fig5_331853081 [accessed 24 Sep, 2020]

2.2.2.4 *HTB*

A *Qdisc HTB* usa o algoritmo *TBF* (*Token Bucket Filter*) para controlar os pacotes em espera em cada classe definida [3].

O *TBF* providencia *traffic policing* e *shaping*.

Nas classes é definida largura de banda atribuída a cada classe e o *burst* máximo, sendo que a *Qdisc* assegura que os parâmetros são cumpridos.

São usados filtros para classificar os pacotes, distribuindo-os pelas classes implementadas.

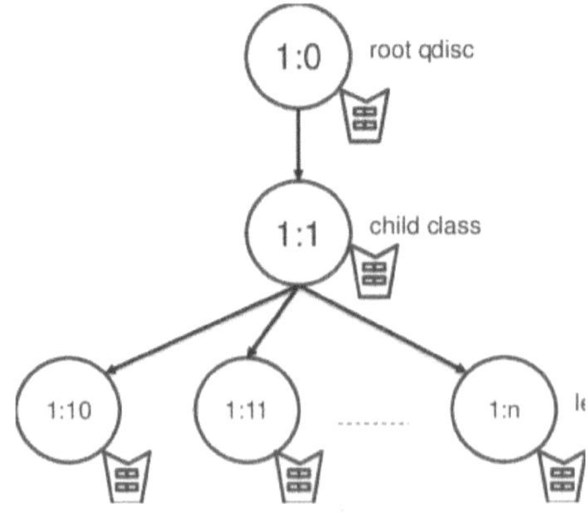

10 - Organização da HTB.

https://www.researchgate.net/figure/Hierarchy-Token-Bucket-HTB-organization_fig1_333296538 [accessed 24 Sep, 2020]

2.2.2.5 *Hfsc*

A *Hfsc* tenta garantir um equilíbrio entre tráfego sensível ao atraso e tráfego onde a performance é importante.

São definidas classes para onde os pacotes serão encaminhados, após serem classificados pelos filtros configurados.

São três os objetivos desta *Qdisc*:

- ✓ Garantir uma alocação precisa da capacidade e do atraso entre todas as classes-folha [3].
- ✓ Quando á um excesso de capacidade disponível, tenta distribuir justamente essa capacidade extra, tendo em conta o limite superior (parâmetro *ul*) definido em cada classe [3].
- ✓ Minimizar qual discrepância entre e a curva do serviço e a quantidade real de serviço providenciada [3].

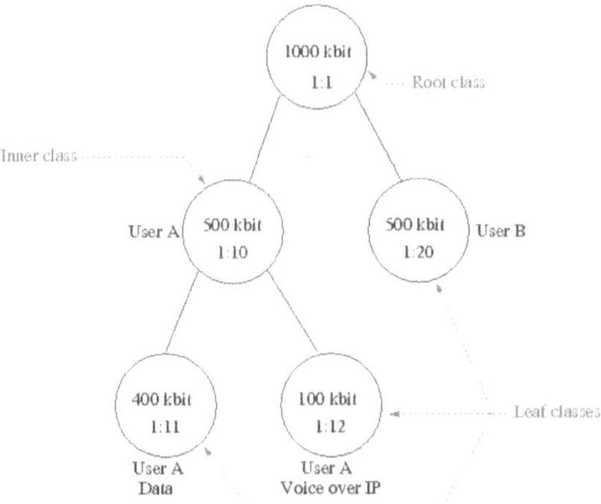

11 - Exemplo da distribuição feita pela *Hfsc*.

http://linux-ip.net/articles/hfsc.en/ [accessed 24 Sep, 2020]

2.2.3 TCP Small Queues

De acordo com as figuras anteriores, é possível notar que não existem filas de pacotes a montante da *QDisc*, significando que a pilha de rede posiciona os pacotes diretamente na disciplina de *queueing* ou bloqueia a aplicação que os está a enviar no caso da fila se encontrar cheia.

Um fluxo de pacotes elevado pode consumir todo o espaço na fila, causando perda de pacotes que estão a ser *forwarded* e adicionado latência a outros fluxos. A ocupação de toda a fila de espera por um fluxo introduz um ponto de *buffering*, que pode aumentar a latência, causar problemas ao nível do *RTT* (*Round Trip Time*) do *TCP* e problemas ao calcular as janelas de congestionamento.

No kernel do *Linux* 3.6.0 foi adicionada uma funcionalidade que visa resolver este problema que envolve o *TCP*. As *TCP Small Queues* limitam o número de *bytes*, por fluxo, que podem ser postos em espera na *QDisc* e na fila de espera do controlador [2].

O problema da latência pode surgir independentemente desta otimização, uma vez que, mesmo limitando o número de *bytes* por fluxo que podem ser postos em espera, se existirem múltiplos fluxos *TCP*, continuaremos a ter uma grande acumulação de pacotes nas filas.

A configuração desta otimização é feita através de um ficheiro que se encontra no sistema na seguinte localização: /proc/sys/net/ipv4/tcp_limit_output_bits.

2.2.4 Filas fora de controlo

Infelizmente, nem todas as filas com tamanhos desajustados, que afetam a *performance*, estão debaixo do nosso controlo. O mais comum é o problema residir no lado do prestador de serviços (*ISP-Internet Service Provider*), ou no equipamento do *ISP* em si [2].

Não há muito que se possa fazer, porque não podemos controlar o tráfego que nos é enviado. No entanto, quando somos nós a enviar, podemos moldar o tráfego ligeiramente abaixo da capacidade da ligação, o que fará o dispositivo parar de pôr em espera uma grande quantidade de pacotes.

No âmbito deste trabalho, este problema não se reflete uma vez que só se tratará de um salto entre duas interfaces locais.

2.3 eXpress *Data Path*

O design do *XDP* deve-se à apresentação, pela *Cloudflare*, de uma solução que tinha como principal objetivo mitigar um ataque *DDOS (Distributed Denial of Service)*. Como a *Cloudflare* pretendia continuar a optar pela conveniência das *iptables*, bem como o resto da estrutura de rede do *kernel*, não podiam optar por uma solução que tomasse por completo o controlo do *hardware*, como por exemplo o *DPDK (Data Plane Development Kit)* que será referido posteriormente [2].

A solução que a *Cloudflare* introduziu, consistia num *partial kernel bypass*, nome introduzido por eles [2]. Neste modelo, algumas *queues* do *NIC* estão ainda dependentes do *kernel*, enquanto as restantes estão á disposição de um programa de *user-space* que decide se um pacote deve ser descartado ou não [2].

Ao descartar pacotes no ponto mais abaixo da pilha, a quantidade de tráfego que consegue chegar ao subsistema de rede do *kernel* é reduzido significativamente.

Esta técnica usada pela *Cloudflare* usava o *toolkit Netmap* para implementar o *partial kernel bypass*. Esta ideia pode ser generalizada, se adicionarmos um *checkpoint* na pilha de rede do *kernel* quando um pacote é recebido no *NIC* este mesmo *checkpoint* deve passar o pacote a um programa de *user-space* que irá decidir o que fazer com ele, descartá-lo ou deixá-lo seguir o caminho normal [2].

2.3.1 Data *Plane Development Kit*

O *Data Plane Development Kit (DPDK)* é um *software open source* gerido pela *Linux Foundation* que providencia um conjunto de bibliotecas e controladores para interfaces de rede de modo a permitir o *offloading* no processamento de pacotes *TCP* do *kernel* do sistema operativo para processos a correr em *user-space* [4].

O *DPDK* providencia uma *framework* programável e permite o desenvolvimento de aplicações orientadas ao rápido processamento de pacotes na rede [4].

Existem três componentes nos dispositivos de rede, a componente dos dados, controlo e a componente de gestão. Estas três componentes permitem enviar um pacote entre a interface A e a interface B [4].

- Componente de gestão: É usada para a interação humana e providencia um terminal de comandos para configurar o dispositivo de rede.
- Componente de controlo: Aqui é determinado para onde o pacote deve seguir. Inclui normalmente protocolos como *RIP*, *OSPF* e *EIGRP*.
- Componente dos dados: Esta componente é usada para um rápido encaminhamento dos pacotes. Normalmente, existe uma pequena cache com

instruções acerca de como encaminhar os pacotes, sendo que se houver uma correspondência com os dados guardados em cache, o pacote vai ser encaminhado, ou perguntará á componente de controlo o próximo passo a seguir.

O *DPDK* utiliza um conjunto de técnicas para maximizar a performance de rede [4]:

- ✓ *Poll Mode Driver (PMD)*: O *PMD* usa um processo dedicado para pedir pacotes á fila de espera do *NIC*. Quando os pacotes são recebidos, o *PMD* vai recebê-los continuamente, sendo que se não existirem pacotes o *PMD* entra num ciclo sem fim. É usual dedicar mais do que um núcleo a esta função e isolar o processador, em questão, do processo de escalonamento, resultando em menos trocas de contexto e reduzindo também a taxa de *cache miss*.

- ✓ Controlador modo utilizador: Comparando com o controlador do *kernel*, o controlador modo utilizador elimina a desnecessária cópia de memória entre o espaço dedicado ao *kernel* e o espaço dedicado ao utilizador, evitando trocas de contexto, devido a não existirem chamadas ao sistema.

- ✓ *Affinity and CPU binding*: A aplicação e o controlador em modo utilizador vão continuar a ser escalonados pelo *kernel*, levando a uma elevada taxa de *cache miss* e um baixo desempenho, sendo que em alguns contextos é completamente inaceitável. O *DPDK* usa uma funcionalidade que une uma threads específica a um núcleo, evitando assim este problema. Adicionalmente, a aplicação e o controlador estarão associados a um processador específico que nunca será escalonado para cumprir outras tarefas.

- ✓ Menor custo de acesso á memória: O *DPDK* dispõe de métodos que ajudam a reduzir o impacto de um acesso á memória no desempenho:
    - o Para o sistema *NUMA* (descrito posteriormente), o *DPDK* usa uma função *malloc* dedicada para providenciar a memória local a um nó especial.
    - o Para objetos usados frequentemente, o *DPDK* assegura-se que o acesso á memória é distribuído igualmente entre todos os canais.
    - o Usa a técnica de paginação gigante para reduzir a taxa *TLB* miss, reduzindo bastante o tempo de acesso á memória e aumentando consequentemente o desempenho.
    - o Usa o *DDIO* (*Data Direct I/O*) para reduzir o tempo de *cache write back* e o reduzir o tempo de acesso á memória.

✓ Técnica *Lockless*: Para sistemas multinucleares, a competição é um problema que leva um alto *overhead* do processador e eficiência reduzida. O *DPDK* tenta contornar esta competição usando estruturas de *malloc* e objetos dedicados ao núcleo local. Adicionalmente, para usar o código *lockless* para reduzir custos de bloqueio, o *DPDK* usa instrução *Intel atomic cmpxchg* para substituir a *spinlock* e usa um *ring buffer* multi/único produtor/consumidor para alcançar filas de pacotes com alta performance e sincronização entre diferentes núcleos.

✓ Outras pequenas otimizações:
  o Instruções *SIMD* (*Single Instruction, Multiple Data*) para acelerar a função de cópia de memória (*memcpy*).
  o Fazer uma busca prévia da cache para reduzir a taxa de cache *miss*.
  o Usar estruturas de dados alinhadas.

O *Data Plane Development Kit* implementa um modelo *run-to-completion* com um baixo *overhead* para maior performance e acede aos dispositivos via *polling*, de modo a eliminar o *overhead* introduzido pelos *interrupts*. A programação baseada em eventos para um mais rápido processamento dos dados está no processo de inclusão [4].

2.3.2 Modus *Operandi*

Como referido anteriormente, o *XDP*, ou *eXpress Data Path*, é um novo componente no *kernel* do *Linux* que aumenta consideravelmente a capacidade de processamento de pacotes [2].

No que toca à alta capacidade de processamento de pacotes, existiram nos últimos anos várias abordagens distintas, envolvendo *toolkits* e técnicas para tentar ultrapassar as limitações inerentes ao *kernel* do *Linux*. Uma das técnicas mais populares dá-se pelo nome de *kernel bypass* que consiste em "saltar" a camada de rede do *kernel* e fazer todo o processamento dos pacotes a partir do *user-space* [2]. Isto significa que o *NIC*, ou *Network Interface Controller*, tem de ser gerido no *user-space*, ou seja, um controlador (*driver*) de dispositivo com origem no *user-space* estará encarregue de tratar do *NIC*, sendo que este controlador continuará a ser escalonado pelo *kernel*, levando a uma taxa elevada de cache *miss* [2]. Uma solução é associar a aplicação e controlador a um processador específico.

Ao atribuirmos o controlo do *NIC* a um programa a operar a partir do *user-space*, conseguimos reduzir o *overhead* introduzido pelo *kernel* (trocas de contexto (*context switching*), processamento na camada de rede, interrupções (*interrupts*)), que se torna relevante quando estamos a trabalhar a velocidades de 10 *Gbps* ou até superiores [2].

O *kernel bypass* aliado a uma combinação de outras características (*batch packet processing*) e ajustamentos ao nível da performance (*NUMA awareness, CPU isolation*, etc.), constituem a base do processamento de rede, a partir do user-space, de alta performance.

O *NUMA*, ou *Non-Uniform Memory access*, é um *design* onde o tempo de acesso á memória depende da localização da mesma em relação ao processador. Nestas condições, um processador pode aceder á sua própria memória local mais rapidamente do que à memória não local, que está atribuída a outro processador ou partilhada entre processadores [5].

O *CPU isolation* consiste em isolar processadores, ou *cores*, para fazer exclusivamente tarefas associadas ao processamento de pacotes, evitando assim o congestionamento de outros processos que possam estar a ocorrer no sistema [6].

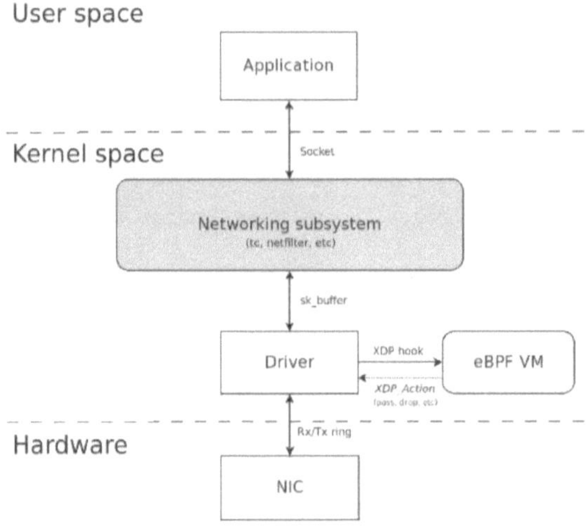

12 - Estrutura do *eXpress Data Path*.

https://blogs.igalia.com/dpino/2019/01/10/the-express-data-path/ [accessed 21 Aug, 2020]

A máquina virtual eBPF (explicado posteriormente), faz a filtragem dos pacotes. O *XDP* passa os pacotes ao programa *eBPF* que decide o que fazer com eles. Podemos ler, modificar e até aceder a funções de ajuda que nos permitem fazer o *parsing* do pacote, calcular *checksums* sem que seja introduzido um custo elevado (evitar penalizações inerentes às *system calls*).

Para controlar o processamento dos pacotes o *XDP* providencia algumas funções pré-definidas:

- *XDP_PASS*: passa o pacote para a pilha de rede normal.
- *XDP_DROP*: descarta o pacote rapidamente.
- *XDP_TX*: encaminha o pacote para o mesmo sítio de onde ele veio (mesma interface, mesmo *NIC*).
- *XDP_REDIRECT*: redireciona o pacote para outro *NIC* ou *CPU*.
- *XDP_ABORTED*: significa que há um problema no programa *eBPF*.

É preciso ter em conta que existem um número significativo de desvantagens a considerar quando se faz o *networking* a partir do *user-space*:

- O *kernel* de um Sistema Operativo introduz uma camada de abstração relativamente aos recursos de *hardware*, sendo que os programas a operar em *user-space* ao precisarem de gerir os seus recursos diretamente, passarão a ter de gerir também o seu *hardware*.
- Os controladores (*drivers*) do *user-space* são geralmente menos bem testados e não possuem tanta capacidade de reutilização como os controladores disponibilizados pelo *kernel*.
- Como se dá o "salto" do *kernel-space*, todas as funcionalidades de rede disponibilizadas pelo *kernel* são também desativadas, o que leva a que os programas de *user-space* tenham de reimplementar funcionalidades que provavelmente já seriam disponibilizadas pelo *kernel* ou pelo Sistema Operativo.
- Os programas, em espaço de utilizador, operam dentro de uma redoma, o que limita a capacidade de serem integrados e interagirem com outras partes do Sistema Operativo.
- O *kernel* disponibiliza uma camada de segurança, que no caso do processamento de rede em *user-space* não existe.

2.3.3 Berkeley *Packet Filter*

O *BPF* (*Berkeley Packet Filter*) foi introduzido como uma solução para realizar a filtragem de pacotes no *kernel* de sistemas *Unix BSD*. Consistia num conjunto de instruções e numa máquina virtual (*VM*) para a execução de programas [9].

Inicialmente, o *bytecode* de uma aplicação era transferido do *user-space* para o *kernel*, onde era verificado, de modo a prevenir problemas e falhas de segurança. Posteriormente o programa era anexado a uma *socket* e executado para cada pacote recebido [9].

O *kernel* do *Linux* suporta o *BPF* desde a versão 2.5, não existindo grandes alterações até 2011, altura em que o interpretador *BPF* foi modificado, passando a traduzir os programas *BPF* diretamente para uma arquitetura de destino: *x86*, *ARM*, *MIPS*, etc [9].

Um dos utilizadores mais proeminentes do *BPF* é a biblioteca *libpcap*, usada, por exemplo, na ferramenta *tcpdump*. Ao usar *tcpdump* para capturar pacotes, o utilizador pode definir filtros e só os pacotes que corresponderem a esses filtros serão capturados. Imediatamente abaixo temos um exemplo de um pequeno programa *BPF*.

Código 1 Exemplo de programa *BPF* para permitir apenas segmentos *TCP*.

```
(000) ldh [12]
(001) jeq #0x800 jt 2 jf 5
(002) ldb [23]
(003) jeq #6     jt 4 jf 5
(004) ret #-1
(005) ret #0
```

- ➢ Instrução (000): carrega (*load* (*ld*)) o *offset* 12, como uma palavra de 16 *bits*. O deslocamento 12 representa o tipo de pacote *Ethernet*.
- ➢ Instrução (001): compara o valor com 0x800, que é o valor *EtherType* do *IPv4*. Se for verdadeiro salta para a instrução (002), caso contrário salta para a instrução (005).
- ➢ Instrução (002): carrega o *offset* 23, sendo que este deslocamento representa o campo protocolo do pacote *IPv4*.
- ➢ Instrução (003): compara o valor com 6 (valor do campo protocolo do pacote *IP* que indica se contem um segmento *TCP*). Se for verdadeiro, salta para a instrução (004), caso contrário salta para a (005).
- ➢ Instrução (004): é o código de retorno do programa, significando que existiu um erro.
- ➢ Instrução (005): este código de retorno indica que o programa completou a sua execução sem problemas.

2.3.4 extended Berkeley Packet Filter

Com a evolução do tempo, o *design* do *BPF* começou a mostrar-se insuficiente para dar resposta.

Para tentar solucionar isso, uma nova versão *BPF* foi introduzida de maneira a aproveitar os novos recursos de *hardware*, sendo que esta nova versão foi batizada de *eBPF* (*extended Berkeley Packet Filter*)

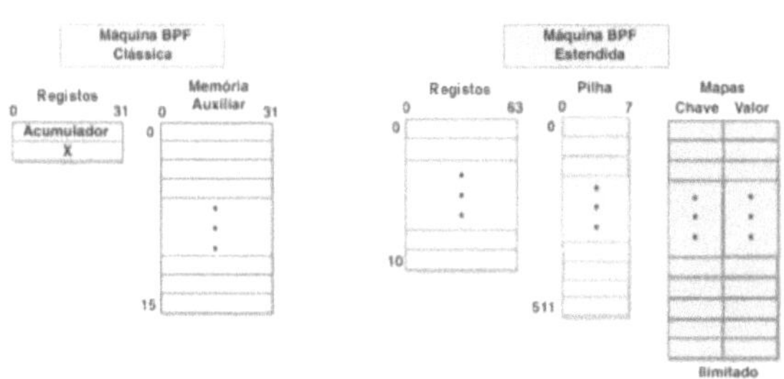

13 - Máquina *BPF* vs. Máquina *eBPF*.

O lado direito da figura anterior ilustra a máquina *eBPF*. O número de registos aumentou de 2 para 11 (dos quais, 10 podem ser escritos), passaram também de 32 *bits* para 64 *bits* e a máquina agora possui uma pilha de 512 *bytes*. Foram também adicionados espaços de armazenamento globais e a opção de chamar funções que são executadas dentro do *kernel* [9].

O *eBPF* introduziu as *tail-calls* para contornar o tamanho máximo de 4096 *bytes* dos programas *eBPF*. Assim, um programa *eBPF* pode passar o controlo da execução para um novo programa *eBPF*.

Novas instruções foram adicionadas ao conjunto de instruções, desde instruções aritméticas e lógicas para os registos, bem como uma instrução para chamar funções do *kernel* com um custo reduzido [9].

A máquina virtual *eBPF* suporta o carregamento dinâmico e o recarregamento de programas [9]. O kernel gere o ciclo de vida de todos os programas, permitindo estender ou limitar a quantidade de processamento, adicionando ou removendo partes do programa que não são necessárias e recarregá-las novamente.

3 Configuração, Testes e Análise de Resultados

3.1 Configuração do *testbed*

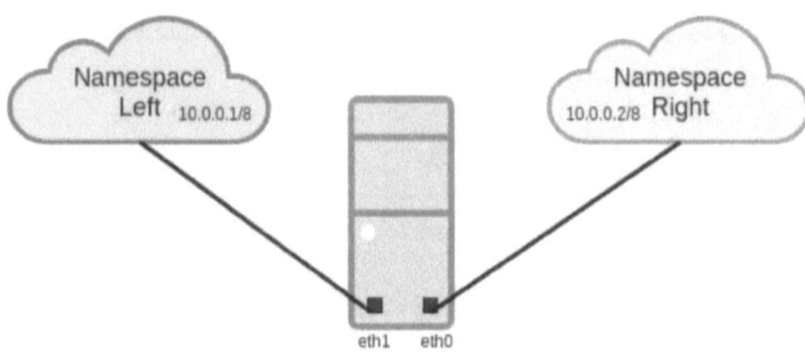

14 - Disposição do *Testbed*.

3.1.1 Especificações do Sistema de Teste

Para a realização desta dissertação de mestrado, foi utilizado um computador *desktop* com as seguintes especificações:

- ✓ MotherBoard: Asus B85M-Gamer.
- ✓ CPU: Intel Pentium G3258 3.20 GHz.
- ✓ Ram: 2x4GB DDR3 1333 Mhz.
- ✓ Disco: Samsung 750 evo 250 GB.
- ✓ Interface: TP-Link TG-3468 (eth0).
- ✓ Interface: Realtek RTL8111F (eth1).
- ✓ WiFi: Tp-Link WN881ND.

3.1.2 Configuração do Sistema de Teste

Para a realização dos testes, foi utilizado um sistema operativo baseado em Linux, neste caso o *Ubuntu* 18.04 *LTS*.

Tudo o que envolve testes e configurações de forma a realizar esses mesmos testes foi feito no Ubuntu, em que foi instalado o *kernel* 5.3.0-51-*generic*. A versão do Sistema Operativo foi a de 64 bits.

Para se proceder ao envio dos pacotes entre duas interfaces do mesmo sistema, tiveram de ser configurados dois *namespaces*, uma funcionalidade do *kernel* do *Linux* que permite particionar os recursos, sendo alguns recursos visíveis para um *namespace* e outros recursos visíveis para outro namespace. Os recursos divididos na configuração do sistema foram duas interfaces de rede, e optou-se por designar os dois *namespaces* de *left* e *right*.

O objetivo é evitar que o sistema perceba que os pacotes que foram enviados numa interface, têm como destino outra interface do sistema, saltando assim toda a lógica do processamento e envio do pacote. Quando o endereço de destino do pacote é local o pacote é entregue logo na pilha *TCP/IP* não chegando á interface física.

Para a configuração dos *namespaces* foi elaborado, por conveniência, um *script*. Desta forma, não existe a necessidade de ter de repetir todos os comandos inerentes á configuração dos *namespaces*. O script utilizado foi o seguinte:

```bash
if [[ $EUID -ne 0 ]]; then
    echo "You must be root to run this script"
    exit 1
fi

# Criar namespaces
ip netns add left
ip netns add right

# Atribuir interfaces aos namespaces
ip link set eth0 netns right
ip link set eth1 netns left

# Setup IP right namespace
ip netns exec right ip addr add dev eth0 10.0.0.2/8
ip netns exec right ip link set dev eth0 up
ip netns exec right ip link set lo up

# Setup IP left namespace
ip netns exec left ip addr add dev eth1 10.0.0.1/8
ip netns exec left ip link set dev eth1 up
ip netns exec left ip link set lo up
```

15 - *Script* de configuração das *namespaces*.

Para gerar pacotes e enviá-los de um *namespace* para o outro, foi usado o comando *iperf*, cujo modo de funcionamento obedece á tipologia servidor-cliente. Ao *namespace* *"left"* foi atribuído o papel de servidor, enquanto que ao *"right"* foi atribuída a função de cliente.

 Nos testes foram enviados dois tipos distintos de pacotes, uns pacotes eram do tipo *TCP* para simular uma transferência fiável de dados, uma vez que este protocolo usas mecanismos, como por exemplo os *Ack* para confirmar a receção de um pacote, sabendo que se não se receber o *Ack* é provável que o pacote se tenha perdido. Os restantes eram do tipo *UDP*, que é *best-effort*, de modo a representar o envio de pacotes por parte de uma aplicação interativa, tipo *VoIP*. Os comandos utilizados para gerar o envio dos pacotes nos diferentes testes foram os seguintes:

```
#Servidor VoIP
iperf -s -u -p 5061 -S 0xC0 -l 200
#Cliente VoIP
iperf -c 10.0.0.1 -u -p 5061 -S 0xC0 -l 200 -t 50 -b 200k -i 3
#Servidor TCP
iperf -s -B 10.0.0.1 -e -i 1 -z
#Cliente TCP
iperf -c 10.0.0.1 -B 10.0.0.2 -b 250M -i 1 -t 100
```

16 - Comandos para gerar pacotes.

Os argumentos do comando significam o seguinte:
- ✓ -s: modo servidor.
- ✓ -u: utilizar *UDP* ao invés de *TCP* (padrão).
- ✓ -c: modo cliente.
- ✓ -p: porta na qual é estabelecida a ligação.
- ✓ -S: preenche o campo *IP_TOS* (*Type of Service*).
- ✓ -l: tamanho do pacote.
- ✓ -t: tempo de transmissão.
- ✓ -b: escolher a *bandwidth*.
- ✓ -i: intervalo de tempo entre respostas.
- ✓ -B: ligar a uma determinada interface ou endereço.
- ✓ -e: estatísticas avançadas.
- ✓ -z: requisição do escalonador *real-time*.

3.1.3 Timestamps e cálculo da latência

Para calcular com exatidão o atraso de cada pacote usei uma combinação de funcionalidades. De modo a saber quando um pacote é enviado numa interface e recebida na outra, usei o *Hardware TimeStamping*. As placas de rede possuem relógios que marcam o pacote quando este chega a uma interface, portanto o pacote é marcado na interface que transmite e na interface de destino, o que nos permite saber quando foi enviado e recebido. Este método aumenta bastante a exatidão dos *timestamps*, porque não atrasos resultantes de *software*.

As duas placas de rede utilizadas possuem suporte para *Hardware* TimeStamping.

Com estas duas medidas de tempo, conseguimos fazer o cálculo da latência a um nível muito baixo, conferindo uma maior exatidão aos dados recolhidos.

Para recolher estes tempos foi utilizado o comando *tcpdump*, tendo sido executado tanto na interface de saída do pacote bem como na interface de destino, o que permitiu capturar estas informações para posterior tratamento.

Foram capturados apenas os pacotes *UDP* pois são estes os pacotes que queremos medir, sendo que os dados capturados na interface de saída foram guardados num ficheiro e os dados capturados na interface de destino foram guardados noutro ficheiro.

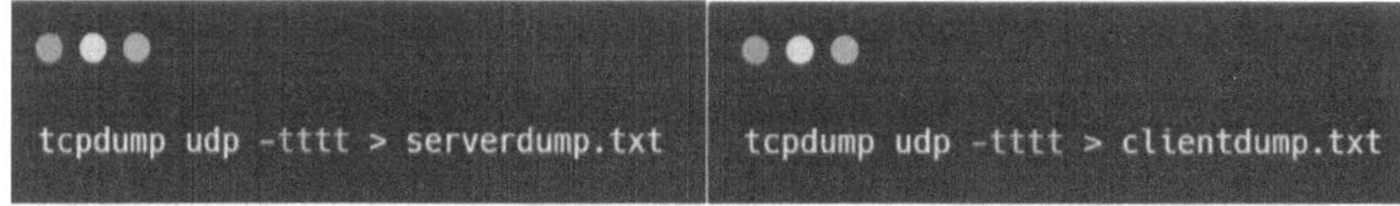

17 - Comandos para captura de pacotes.

Posteriormente, estas informações são lidas por um programa, escrito em Java, calcula-se a diferença entre os *timestamps* de cada pacote, e escreve-se o resultado dos cálculos, bem como o *id* dos pacotes, para um ficheiro *CSV* posterior processamento, análise e geração de gráficos.

Para finalizar, foram usados seis terminais abertos, apenas para ter um maior controlo visual sobre cada tarefa em execução pois certas tarefas poderiam ser executadas em *background*. Três destes terminais correspondem ao servidor e os outros três ao cliente. Os comandos para pôr o servidor á escuta, para o cliente enviar os pacotes e para a captura dos pacotes constituem o ambiente de teste.

18 - Ambiente de Teste.

3.2 Teste ao Sistema

Dentro das condições normais do Ubuntu 18.04.4 LTS, sem quaisquer tipos de otimizações aplicadas, fizeram-se cinco cenários de teste diferentes, que serão equivalentes aos cenários a utilizar quando se otimizar o sistema e/ou testar outras soluções externas. Estes cenários de teste serão introduzidos no próximo subponto.

Para averiguar se o excesso de tarefas introduz uma variação nas latências registadas, usou-se um comando com a finalidade de introduzir carga no *CPU*. Foi utilizado o comando *stress* que utiliza oito *workers* de raiz quadrada para stressar o *CPU*/Escalonador, sendo que o tempo definido foi de 7800 segundos, de maneira a ser superior ao intervalo de tempo de envio de pacotes *VoIP*, tendo assim uma margem.

19 – Comando para sobrecarregar o *CPU*.

3.2.1 – Gráficos e análise

Como referido anteriormente, serão feitos 5 testes:

- ✓ Teste 1.0: Envio dos pacotes da aplicação interativa sem tráfego concorrente e o *CPU* com carga normal.
- ✓ Teste 1.1: Envio dos pacotes aplicação interativa com uma transferência de dados *TCP* concorrente que utiliza 50% da capacidade da interface. *CPU* com carga normal.
- ✓ Teste 1.2: Envio dos pacotes aplicação interativa com uma transferência de dados *TCP* concorrente que utiliza 100% da capacidade da interface. *CPU* com carga normal.
- ✓ Teste 1.3: Envio dos pacotes aplicação interativa com uma transferência de dados *TCP* concorrente que utiliza 100% da capacidade da interface. *CPU* sobrecarregado.
- ✓ Teste 1.4: Envio dos pacotes aplicação interativa sem tráfego concorrente e o *CPU* sobrecarregado.

Foi elaborado um gráfico que contém as caixas de bigodes provenientes dos dados recolhidos em cada um dos diferentes testes acima referidos. Para se perceberem os valores máximos de latência atingidos, os *outliers* não foram retirados do gráfico.

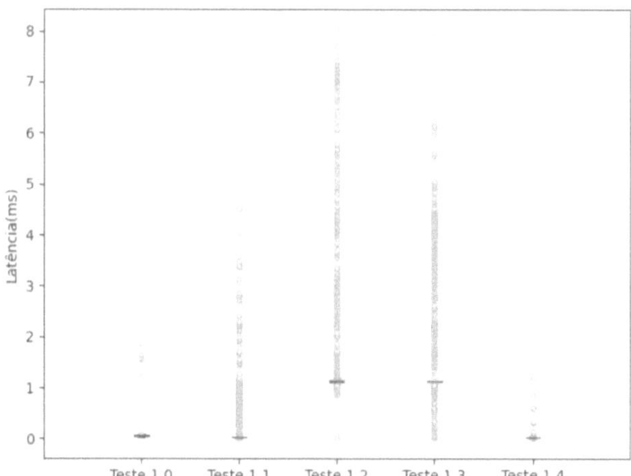

20 – Comparação das *boxplots* do Teste 1, com *outliers*.

Obviamente, os maiores valores registam-se no Teste 1.2, mas é curioso observar que quando é introduzido carga no processador, as latências não atingem valores maiores do que nos casos em que a carga no processador é mínima, ficando aproximadamente dentro dos valores registados nos testes com configurações idênticas, mas sem carga introduzida. Isto deve-se ao facto de os pacotes *UDP*, serem gerados por um comando que possui um parâmetro que solicita o escalonador de tempo real, portanto ter carga ou não é indiferente, porque esta tarefa de gerar e transmitir os pacotes tem sempre prioridade sobre outras que possam surgir e sobrecarregar o sistema.

Cada um destes testes foi refeito com pacotes com diferentes tamanhos, ou seja, pacotes com 64 *bytes* e 1472 *bytes*, simulando tráfego de controlo e de vídeo, respetivamente. Foram também usados diferentes intervalos de transmissão, para além dos 10 milissegundos padrão, que foram de 1 e 100 milissegundos.

Como os resultados obtidos nestes testes com diferentes parâmetros foram idênticos, quando se tratou de determinar o teste 1.2 como o pior, não existiu uma necessidade de apresentar os gráficos, mas estes serão apresentados e analisados quando se discutir cada uma das otimizações.

Quando forem analisadas as otimizações o teste 1.2 pode ser referido como o pior caso ou *pfifo_fast*.

.3 Teste das Otimizações

Para tentar melhorar os resultados obtidos no Teste 1, em que as condições do sistema não foram alteradas/otimizadas, vamos neste teste aplicar um conjunto de otimizações ao sistema, testá-las individualmente e comparar com os resultados anteriores.

O problema que foi identificado no teste anterior traduz-se num ambiente de teste, no qual se faz o envio dos pacotes da aplicação interativa, como por exemplo uma chamada *VoIP*, e existe também uma transferência de dados *TCP* que está a usar a totalidade da capacidade da interface que processa o envio dos pacotes. Um exemplo de uma transferência deste tipo pode ser o *download* de um jogo ao qual não aplicámos restrição de *bandwidth*, sendo que esta transferência vai tentar usar a totalidade da capacidade disponível.

Para testar as otimizações implementadas, será tido em conta o Teste 1.2 para fazer as respetivas comparações.

As três otimizações que serão levadas a cabo são:

- ✓ Byte Queue Limits;
- ✓ TCP Small Queues;
- ✓ Queueing Disciplines;

3.3.1 Teste do *BQL*

Neste teste foi alterado o limite máximo do algoritmo *BQL* para 3000 bytes, que é um valor bastante mais baixo do que estava predefinido. Ao baixarmos o limite máximo do algoritmo estamos a otimizar o mesmo para nos dar valores de latência relativamente baixos, uma vez que se reduz bastante a quantidade de dados que podem ser postos em espera.

Este teste é também referido como Teste 2.1.

Nos gráficos abaixo podemos ver os dados correspondentes a este teste bem como uma comparação com o teste 1.2, que tem os mesmos parâmetros, exceto as otimizações. Ou seja:

- ✓ Transferência de dados *TCP* a usar 100% da capacidade da interface de transmissão;
- ✓ Sem *stress* adicionado ao sistema;

Começou-se por testar o envio de pacotes com 200 *bytes*, simulando uma chamada *VoIP*.

Posteriormente, alterou-se o tamanho dos pacotes para 64 *bytes*, com o intuito de simular os pacotes gerados por uma aplicação de controlo.

Para finalizar, simulou-se o envio de pacotes gerados por uma aplicação de vídeo, alterando o tamanho do pacote para 1472 *bytes*.

Usaram-se intervalos distintos entre a transmissão de cada pacote, que foram 1, 10 e 100 milissegundos, de modo a apurar as diferenças nos resultados quando se geram pacotes constantemente e quando os pacotes são gerados e transmitidos de maneira mais esporádica.

Para começar, os dados recolhidos neste teste serão organizados sobre a forma de caixas de bigodes, a azul, e comparados com os dados recolhidos no teste 1.2 (*pfifo_fast*), também estes agrupados em caixas de bigodes, a vermelho.

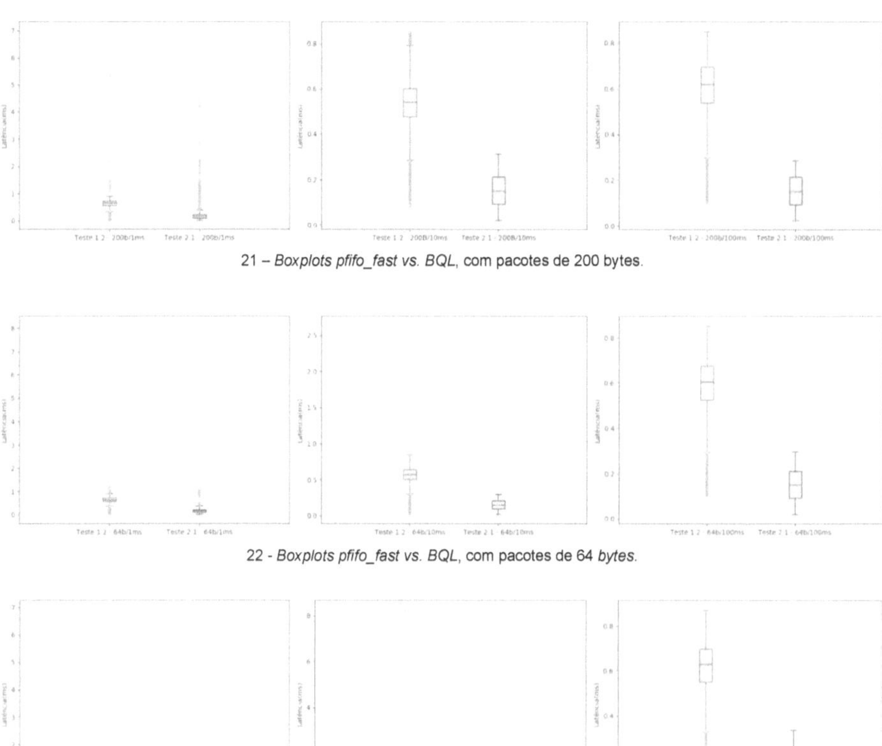

21 – *Boxplots pfifo_fast vs. BQL, com pacotes de 200 bytes.*

22 - *Boxplots pfifo_fast vs. BQL, com pacotes de 64 bytes.*

23 - *Boxplots pfifo_fast vs. BQL, com pacotes de 1472 bytes.*

Nos gráficos apresentados nas três imagens anteriores é possível ver uma diferença substancial entre os dados das caixas azuis (*BQL*) e os dados das caixas vermelhas (*pfifo_fast*). Excluindo os *outliers*, porque a maior fatia dos dados recolhidos encontra-se dentro da contexto das caixas, é possível observar que independentemente do tamanho de pacote escolhido e/ou do intervalo de transmissão, as caixas que contêm os dados do teste com o algoritmo *BQL* modificado encontram-se sempre significativamente abaixo dos caixas vermelhas, cujos dados provieram do teste 1.2 (*pfifo_fast*).

Os *outliers* permitem obter informação acerca dos valores máximos de latência registados em cada caso, bem como a quantidade de valores fora do âmbito das caixas, sendo que no caso da otimização estes foram mais baixos em quase todos os casos.

A diferença entre estes dois casos de teste distintos pode ser justificada pelo facto de no teste do *BQL* existir um limite máximo de dados que podem ser postos em espera, não mexendo no tamanho da fila. Quando esse limite é ultrapassado os pacotes são geralmente devolvidos a camadas superiores ou a aplicação que os está a gerar fica temporariamente bloqueada.

Para acrescentar dimensão á análise, decidiu-se também apresentar os dados sobre a forma de curvas, correspondendo á distribuição cumulativa de frequências.

A estrutura da apresentação dos gráficos será a mesma, começando pelas curvas elaboradas a partir dos dados recolhidos dos testes onde os pacotes da aplicação interativa têm 200 *bytes*, seguidos por pacotes com 64 *bytes* e para finalizar pacotes com 1472 *bytes*.

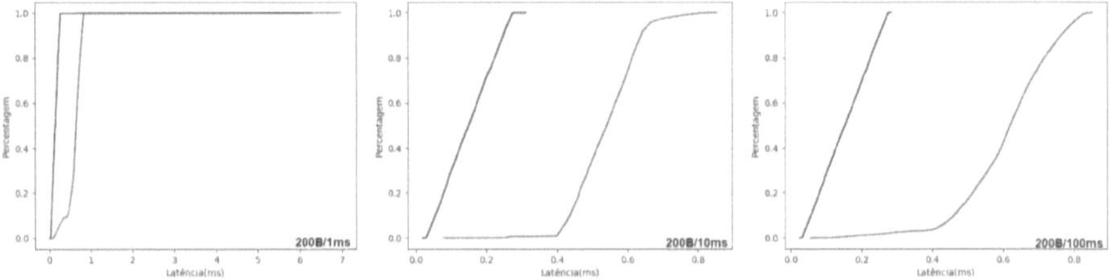

24 – *CDFs pfifo_fast vs BQL*, com pacotes de 200 *bytes*.

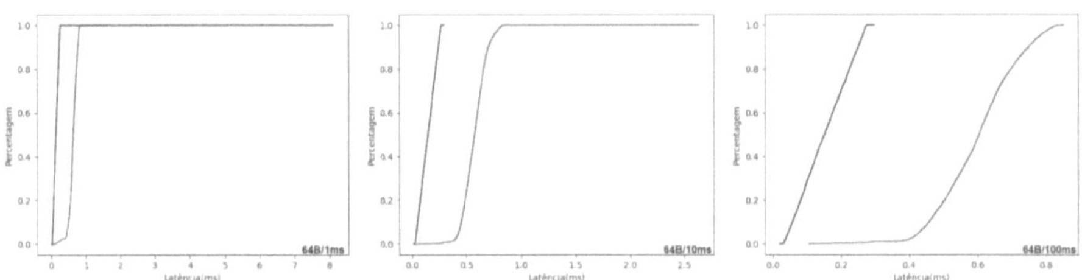

25 – *CDFs pfifo_fast vs BQL*, com pacotes de 64 *bytes*.

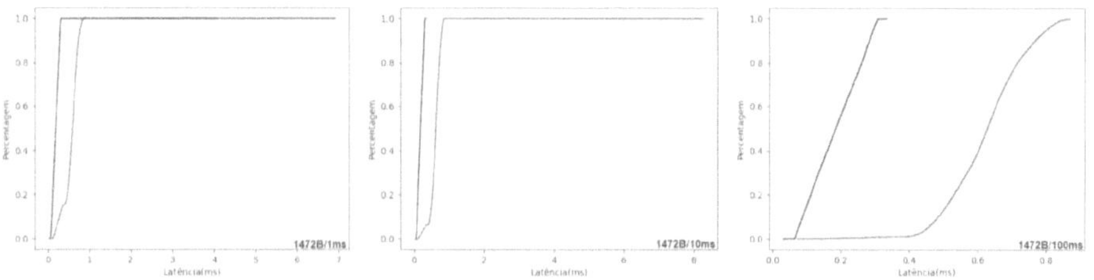

26 – *CDFs pfifo_fast vs BQL*, com pacotes de 1472 *bytes*.

As imagens ilustram cenários bastante distintos entre as curvas vermelhas e as curvas azuis, correspondendo á *pfifo_fast* e ao algoritmo *BQL* alterado, respetivamente. É importante ralçar que a escala de cada gráfico é automática, podendo diferir por culpa de se registarem ou não *outliers* elevados.

Chega-se á conclusão que existiu uma melhoria significativa do teste 1.2 (*pfifo_fast*) para o 2.1 (*BQL*), sendo que pacotes com tamanhos variados e enviados com diferentes intervalos não mostram que a *pfifo_fast* surja com valores de latência mais baixos do que o algoritmo *BQL*.

Existem obviamente diferenças nos gráficos correspondentes a diferentes tamanhos de pacotes, mas nunca é verificada uma diferença dentro do próprio gráfico, onde a amostra do teste 2.1 (*BQL*) mostra sempre valores mais baixos de latência, quando comparada com a amostra recolhida no teste 1.2 (*pfifo_fast*), tendo ainda assim, esporadicamente, alguns valores altos.

Reduzir o valor máximo de latência registado é algo a ter em conta durante a realização dos próximos testes, porque esporadicamente ainda se registam alguns valores que extravasam os limites das caixas de bigodes.

3.3.2 Teste das *TCP Small Queues*

As *TCP Small Queues* foram introduzidas no *kernel* do *Linux* a partir da versão 3.6.0 e têm como função limitar o número de *bytes*, que podem ser postos em espera, por fluxo de dados *TCP*. Como temos uma transferência de dados concorrente que produz uma grande quantidade de pacotes, que ficam em espera na fila, será interessante ver se ao diminuir o número de *bytes* por fluxo conseguimos alcançar latências individuais mais baixas.

Como no caso anterior, para efeitos de comparação, usamos o Teste 1.2, que introduz as condições de teste mais adversas.

Este teste pode também ser referido como Teste 2.2.

Neste teste foram usados quatro valores diferentes para o limite da fila por fluxo TCP. Este valor é configurado no parâmetro *sysctl net.ipv4.tcp_limit_output_bytes*. O valor padrão é 1048576 *bytes* (1 *MiB*), tendo sido usados neste teste os seguintes valores:

- ✓ 524288 bytes (0.5 *MiB*) – Teste 2.2.1;
- ✓ 65536   bytes (64 *kiB*) – Teste 2.2.2;

3.3.2.1 Redução a 50%

Como foi indicado na parte introdutória deste teste, serão testados dois valores diferentes para o *tcp_limit_output_bytes*, sendo que nesta alínea serão usados 524288 *bytes* (0.5 *MiB*), que corresponde a metade do valor originalmente configurado, que era de 1048576 *bytes* (1 *MiB*). A configuração é feita no parâmetro *sysctl net.ipv4.tcp_limit_output_bytes*.

Iniciou-se o teste das novas configurações com a geração e envio de pacotes com 200 *bytes*, simulando o tráfego proveniente de uma chamada *VoIP*.

Posteriormente, enviaram-se pacotes com 64 *bytes* simulando o tráfego gerado por uma aplicação de controlo, operando, por exemplo, em contexto fabril.

E para finalizar foram gerados e transmitidos pacotes com 1472 *bytes*, com o intuito de igualar o tráfego gerado por uma aplicação de vídeo.

Os intervalos de transmissão dos pacotes foram de 1, 10 e 100 milissegundos, para apurar a influência do aumento/diminuição dos pacotes nos dados recolhidos.

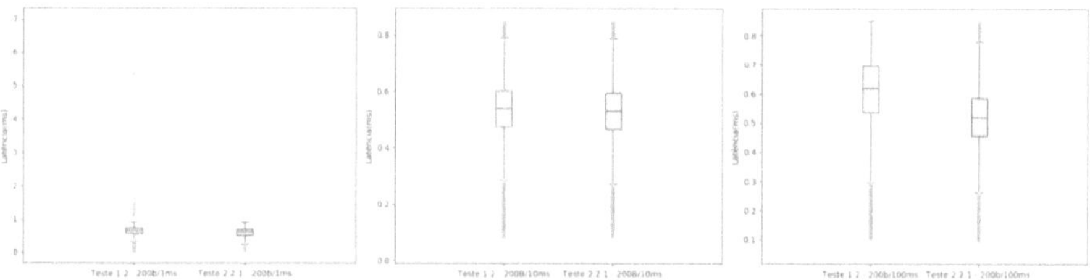

27 – *Boxplots pfifo_fast vs.TCP Small Queues*, com pacotes de
200 *bytes*.

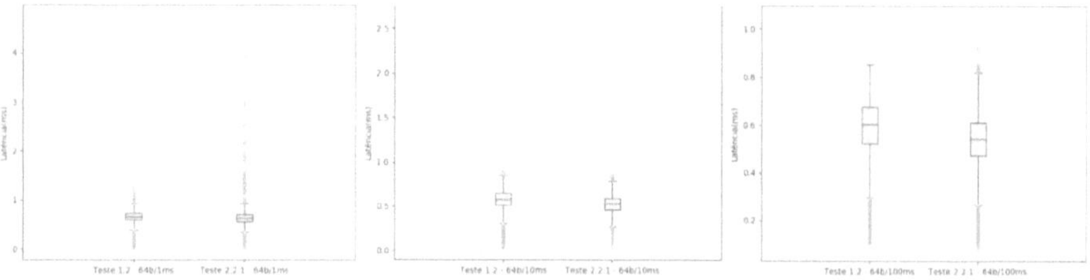

28 – *Boxplots pfifo_fast vs.TCP Small Queues*, com pacotes de
64 *bytes*.

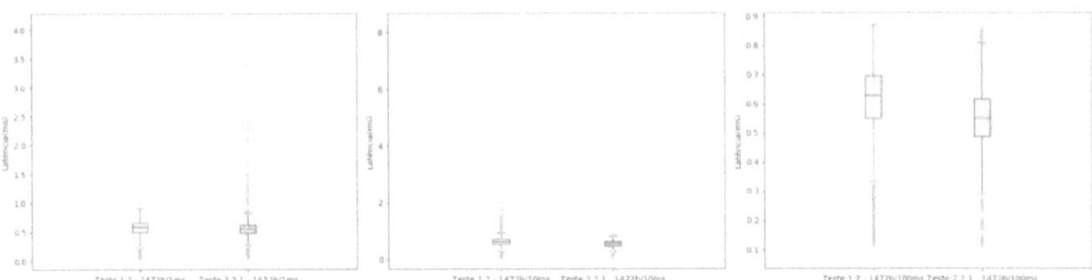

29 – *Boxplots pfifo_fast vs.TCP Small Queues*, com pacotes de
1472 *bytes*.

Olhando para as três figuras anteriores, não é possível observar uma diferença muito significativa entre as caixa vermelhas e as caixas azuis, que é onde se concentram a maior fatia dos valores de latência registados.

A pequena diferença surge nos *outliers*, que retratam os valores mais elevados de latência registados, que em alguns casos são mais baixos nas caixas da otimização, a azul, e em outras situações revelam-se mais elevados que nas caixas vermelhas (*pfifo_fast*).

Esta otimização consiste em limitar o número de *bytes* por fluxo *TCP* que podem ser postos em espera, sendo que nestes casos de testes existe apenas um fluxo *TCP* concorrente ao fluxo de pacotes das diferentes aplicações interativas. O valor utilizado não é suficientemente limitador para produzir resultados explicitamente melhores.

De notar que como o limite configurado é aplicado individualmente a cada fluxo *TCP*, se existirem vários fluxos *TCP* concorrentes pode-se registar na mesma o congestionamento das filas de espera, o que não é o caso dos testes realizados, pois é apenas utilizado um fluxo *TCP* para congestionar o sistema.

Para se ter outra perspetiva sobre os dados recolhidos nos testes em questão, seguem-se três imagens que contêm os mesmos dados apresentados como distribuições cumulativas de frequências.

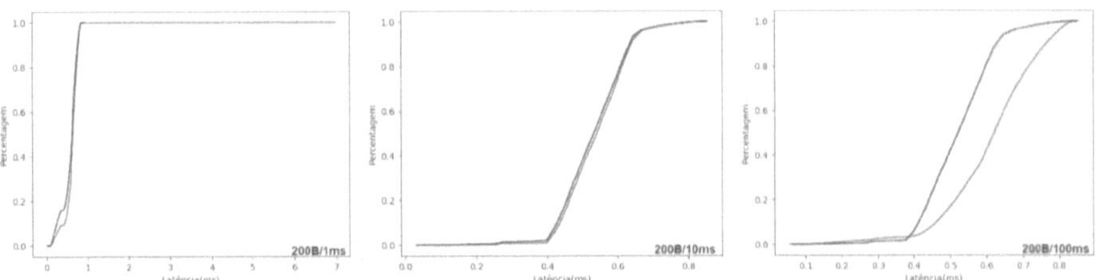

30 – *CDFs pfifo_fast vs. TCP Small Queues*, com pacotes de 200
bytes.

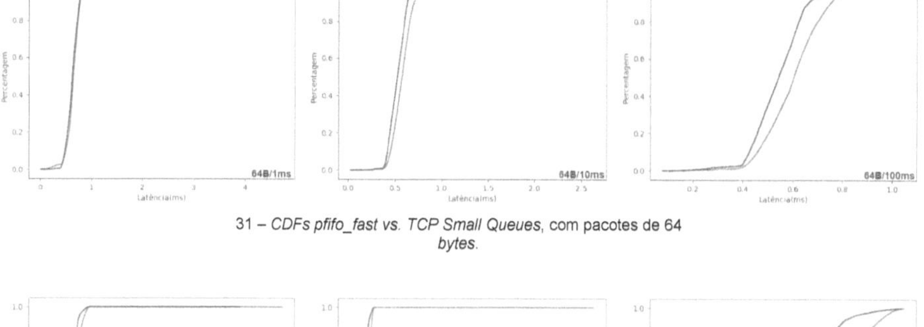

31 – *CDFs pfifo_fast vs. TCP Small Queues*, com pacotes de 64 bytes.

32 – *CDFs pfifo_fast vs. TCP Small Queues*, com pacotes de 1472 bytes.

Nas imagens apresentadas, nota-se que as curvas, correspondentes aos dois testes em questão, são praticamente convergentes, quando são usados intervalos de 1 e 10 milissegundos. Há uma semelhança entre os gráficos gerados de acordo com estas periodicidades de transmissão (1 e 10 ms), porque são tempos de interregno bastante próximos, havendo pouca diferença quando se trata de escoar os pacotes em filas de espera.

Com a utilização de 100 milissegundos de interregno de transmissão dos pacotes, nota-se uma pequena diferença entre as curvas vermelhas (*pfifo_fast*) e as azuis (*TCP Small Queues*), independentemente do tamanho dos pacotes usados.

Como foi referido anteriormente, reduzir o número de *bytes* que podem ser postos em espera por fluxo *TCP* a metade do valor original não se revelou suficiente para produzir diferenças muito significativas entre os dois testes. Não esquecer que, caso fossem utlizados vários fluxos *TCP* para fazer concorrência á transmissão dos pacotes de aplicações interativas as pequenas diferenças observadas nas imagens anteriores provavelmente não existiriam, uma vez que esta configuração limita os *bytes* em espera por fluxo individual e não por conjunto de fluxos ou protocolo usado nos pacotes.

3.3.2.2 Redução a 6,25%

Ao encontro do que foi introduzido no início deste capítulo, foi testado, na alínea anterior, o valor de 524288 *bytes* (0.5 *MiB*) para o *tcp_limit_output_bits*. Nesta alínea, o valor testado para esta configuração foi 65536 *bytes* (64 *kiB*), sendo a configuração feita da mesma maneira, no parâmetro *sysctl net.ipv4.tcp_limit_output_bytes*.

Outros valores intermédios foram testados, mas como as alterações eram mínimas, escolheu-se apresentar estes dois valores distintos, sendo que 524288 *byte* *corresponde* a 50% do valor padrão e 65536 *bytes* traduz-se em 6,25% do valor originalmente configurado.

Iniciou-se o teste das novas configurações com a geração e envio de pacotes com 200 *bytes*, simulando o tráfego proveniente de uma chamada *VoIP*.

Posteriormente, enviaram-se pacotes com 64 *bytes* simulando o tráfego gerado por uma aplicação de controlo, operando, por exemplo, em contexto fabril.

E para finalizar foram gerados e transmitidos pacotes com 1472 *bytes*, com o intuito de igualar o tráfego gerado por uma aplicação de vídeo.

Tal como no subponto anterior, os diferentes intervalos de transmissão dos pacotes foram de 1, 10 e 100 milissegundos.

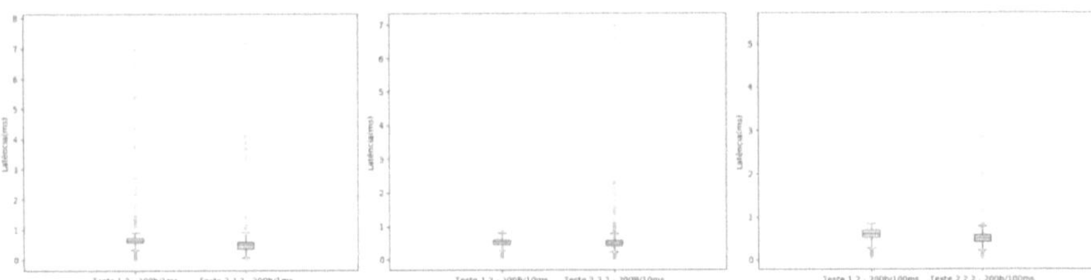

33 – *Boxplots pfifo_fast vs.TCP Small Queues*, com pacotes de 200 *bytes*.

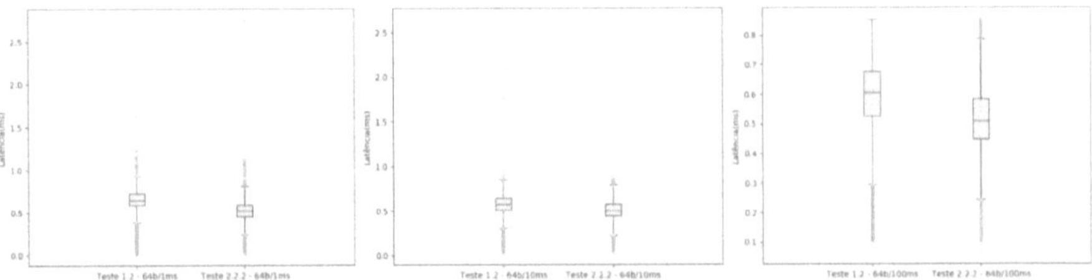

34 – *Boxplots pfifo_fast vs.TCP Small Queues*, com pacotes de 64 *bytes*.

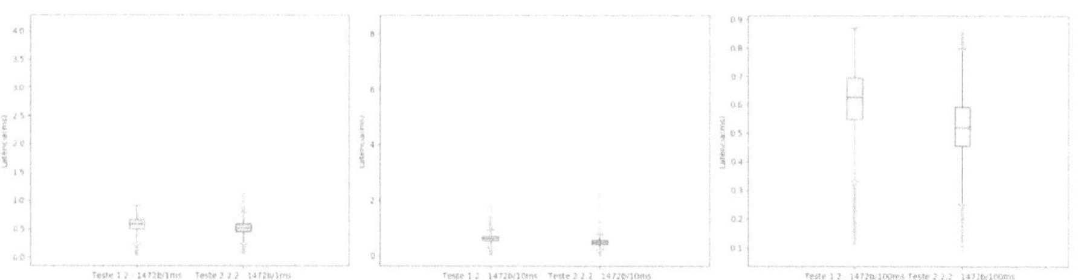

35 – *Boxplots pfifo_fast vs. TCP Small Queues*, com pacotes de
1472 *bytes.*

Com base nas três imagens anteriores, não é possível ver uma diferença notória entre as posições das caixas de bigodes azuis (*TCP Small Queues*) e as vermelhas (*pfifo_fast*), que é onde se concentra a maior parte dos valores recolhidos.

A nível de *outliers*, bons para saber os valores máximos de latência que podem ser registados, umas vezes são mais elevados nas caixas vermelhas e em outras situações são mais elevados nas caixas azuis.

Como os pacotes das diferentes aplicações interativas não são influenciadas diretamente por esta otimização, uma vez que limita apenas o número de *bytes* por fluxo *TCP* que podem ser postos em espera, justifica-se deste modo a ausência de diferenças muito significativas. Se existissem vários fluxos *TCP* concorrentes, os resultados dos dois testes, espelhados nas imagens anteriores, seriam praticamente idênticos.

Para se ter outra perspetiva sobre os dados recolhidos nos testes em questão, seguem-se três imagens que contêm os mesmos dados apresentados como distribuições cumulativas de frequências.

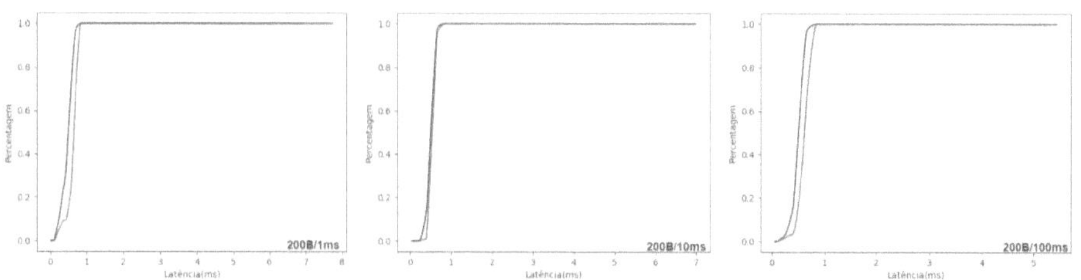

36 – *CDFs pfifo_fast vs. TCP Small Queues*, com pacotes de
200 *bytes.*

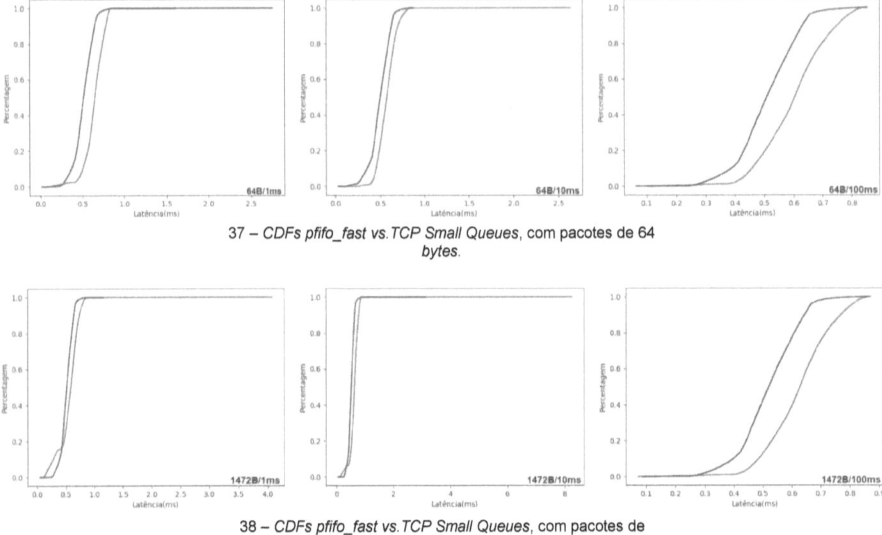

37 – *CDFs pfifo_fast vs.TCP Small Queues*, com pacotes de 64 bytes.

38 – *CDFs pfifo_fast vs.TCP Small Queues*, com pacotes de 1472 bytes.

Ao se realizar a distribuição cumulativa de frequências, vê-se que as curvas resultantes suportam as conclusões anteriores que a melhoria, ainda que existente, é pouco significativa.

De notar que, com pacotes de 64 *bytes*, as curvas azuis que correspondem á otimização têm um desempenho pior do que as curvas vermelhas, correspondentes ao teste 1.2 (*pfifo_fast*).

Esta otimização, quando testada sozinha, reduz um pouco as latências máximas registadas, mas não tão significativamente como no teste 2.1, aquando da mudança do limite máximo do algoritmo *BQL*.

Não parece haver também um teto máximo para as latências registadas, ainda que certos valores elevados de latência ocorram esporadicamente, estes podem ter efeitos catastróficos quando se tenta fazer uma cirurgia remota, ou operar uma máquina em contexto fabril, podendo resultar numa morte de uma paciente ou num defeito de produção de algum material, respetivamente.

Resta perceber, se aliada a uma ou mais otimizações pode ter resultados mais prometedores.

3.3.3 Teste das *Qdiscs*

Nesta secção serão analisados os resultados ao uso de diferentes *queueing disciplines*, ou seja, testaremos diferentes alternativas á *queueing discipline* que é padrão nas interfaces dos sistemas *Linux*, a *pfifo_fast*. Este teste é também conhecido por Teste 2.3.

Foram testadas cinco alternativas á *pfifo_fast:*

- ✓ *Prio* – Teste 2.3.1;
- ✓ *Pfifo* – Teste 2.3.2;
- ✓ *Fq_codel* – Teste 2.3.3;
- ✓ *Htb* – Teste 2.3.4;
- ✓ *Hfsc* – Teste 2.3.5;

De seguida serão apresentadas as alternativas uma por uma, com a respetiva configuração e feita uma análise a cada uma delas individualmente.

Serão testados pacotes com 200, 64 e 1472 *bytes*, de modo a simular tráfego de uma chamada *VoIP*, controlo e tráfego de vídeo, respetivamente. Os pacotes serão transmitidos em intervalos de 1, 10 e 100 milissegundos.

3.3.3.1 Prio

A primeira queueing discipline testada foi a prio, que basicamente é constituída por N *queues*, uma *queue* para tráfego definido como prioritário e uma outra *queue* onde são postos em espera os restantes pacotes. O tráfego foi classificado de acordo com a porta de destino, ou seja, quando um pacote chega ao *NIC* e tem como porta de destino a porta da chamada *VoIP* é atribuído logo á *queue* prioritária. O resto dos pacotes é posto em espera na outra *queue* como já tinha sido adiantado anteriormente.

Os comandos usados na configuração desta *queueing discipline* são apresentados na figura imediatamente abaixo.

```
tc qdisc add dev eth0 root handle 1: prio
tc qdisc add dev eth0 parent 1:1 handle 10: sfq
tc qdisc add dev eth0 parent 1:2 handle 20: sfq
tc qdisc add dev eth0 parent 1:3 handle 30: sfq
tc filter add dev eth0 parent 1:0 protocol ip prio 1 u32 match ip dport 5061 0xffff flowid 1:1
```

39 – Configuração da *qdisc prio*.

A *pfifo_fast*, definida como *Qdisc* padrão também usa um esquema de prioridades, o *Priomap*, sendo que é menos configurável do que a *Prio*.

Primeiramente testou-se o envio de pacotes com 200 *bytes*, de modo a simular os pacotes gerados por uma chamada *VoIP*.

De seguida, alterou-se o tamanho dos pacotes transmitidos para 64 *bytes*, de modo a simular tráfego gerado por uma aplicação de controlo.

Por fim, com o objetivo de simular tráfego resultante da operação de uma aplicação de vídeo, modificou-se o tamanho dos pacotes que estavam a ser transmitidos para 1472 *bytes*.

Os intervalos de transmissão dos pacotes foram de 1, 10 e 100 milissegundos.

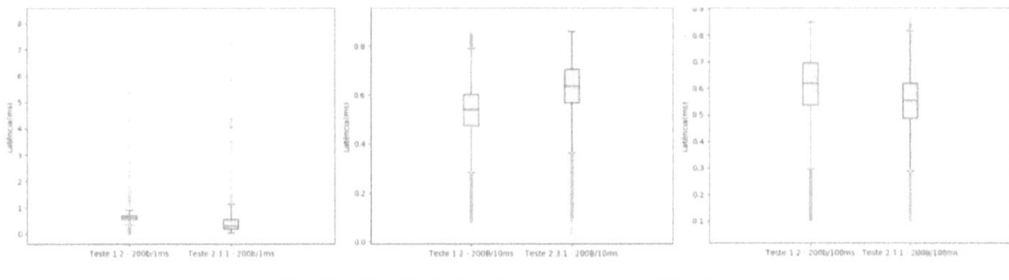

40 – *Boxplots pfifo_fast vs. Prio, com pacotes de 200 bytes.*

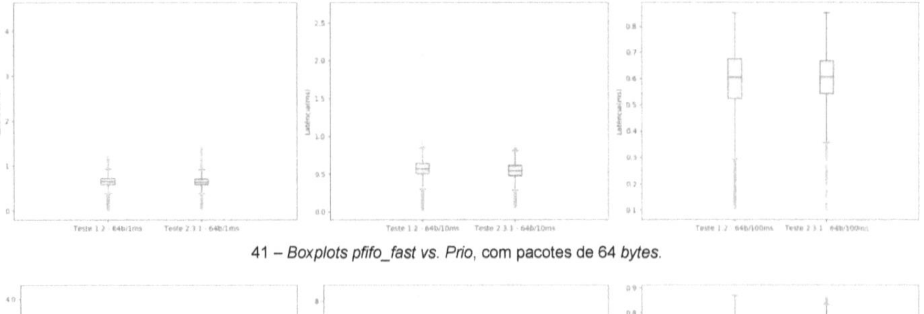

41 – *Boxplots pfifo_fast vs. Prio, com pacotes de 64 bytes.*

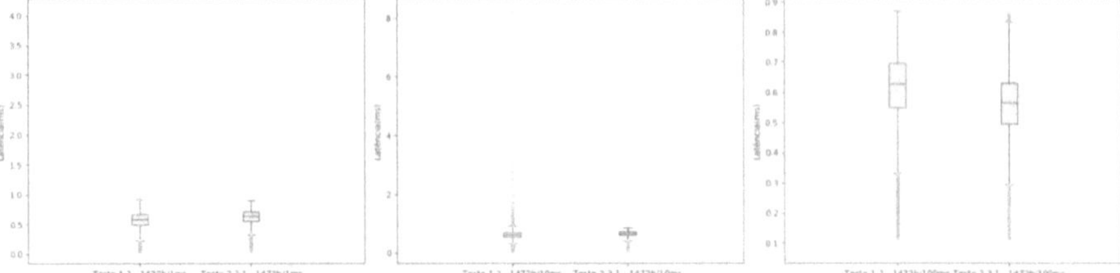

42 – *Boxplots pfifo_fast vs. Prio, com pacotes de 1472 bytes.*

Com base nas imagens anteriores, é possível afirmar que não existiu uma melhoria. As caixas azuis, que correspondem á *Prio*, estão perfeitamente alinhavadas, ao nível dos valores contidos nos contextos das caixas de bigodes, com as caixas vermelhas, onde a *Qdisc* utilizada era a *pfifo_fast*.

A semelhança deve-se ao facto de tanto a *pfifo_fast* como a *Prio* serem duas *Qdiscs* com prioridade. A única diferença entre as tuas recai no facto de a *Prio* possuir mais parâmetros configuráveis.

A nível de *outliers*, estes foram em certos casos superiores nos valores recolhidos com a *Prio* configurada, sendo quem outros casos também se registaram valores mais baixos, o que não chega para justificar a mudança de *Qdiscs*.

Esperava-se que ao definir um fluxo de pacotes como prioritário, se pudesse obter melhorias significativas, o que mostra que o modo como a *pfifo_fast* define certos tipos de tráfego como prioritário é relativamente bom.

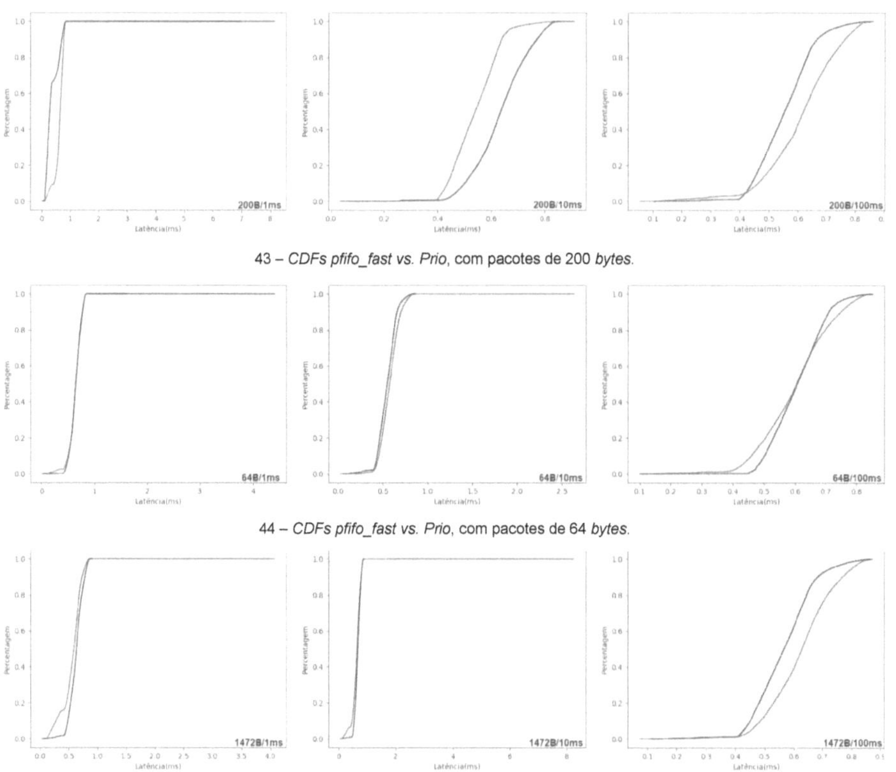

43 – *CDFs pfifo_fast vs. Prio*, com pacotes de 200 *bytes*.

44 – *CDFs pfifo_fast vs. Prio*, com pacotes de 64 *bytes*.

45 – *CDFs pfifo_fast vs. Prio*, com pacotes de 1472 *bytes*.

Ao se apresentar os dados como distribuições cumulativas de frequências, a *qdisc prio* aqui testada não produz resultados muito diferentes do que a *qdisc* padrão, a *pfifo_fast*, ou seja, em certos casos as curvas sobrepõe-se, em alguns casos as curvas azuis (*Prio*) têm resultados melhores e noutros as curvas vermelhas (*pfifo_fast*) superiorizam-se ás azuis.

Estes resultados mostram que quando comparadas as duas *Qdiscs* não há uma razão que possa ser retirada da análise dos dados que justifique escolher a *Qdisc Prio* em detrimento da *pfifo_fast*.

3.3.3.2 Pfifo

Sucessivamente, foi testada *pfifo* para ver se produzia resultados melhores do que os observados na *pfifo_fast*. A diferença para a *prio qdisc* é que a *pfifo* é uma *queueing discipline classless*, ou seja, é uma simples fila *FIFO* (*First-in-First-Out*) com o tamanho limitado, no que toca ao número de pacotes.

O único parâmetro que permitiu uma escolha foi o tamanho da fila, que neste caso foi limitada a 100 pacotes.

Na figura abaixo está o comando de configuração da *pfifo*.

46 – Configuração da *pfifo qdisc*.

Testou-se primeiro o envio de pacotes com 200 *bytes*, que simulam o tráfego gerado por uma chamada *VoIP*.

De seguida, alterou-se o tamanho dos pacotes transmitidos para 64 *bytes*, de modo a simular tráfego gerado por uma aplicação de controlo.

Por fim, com o objetivo de simular tráfego resultante da operação de uma aplicação de vídeo, modificou-se o tamanho dos pacotes que estavam a ser transmitidos para 1472 *bytes*.

Todos estes diferentes pacotes foram enviados em três periodicidades distintas: 1, 10 e 100 milissegundos.

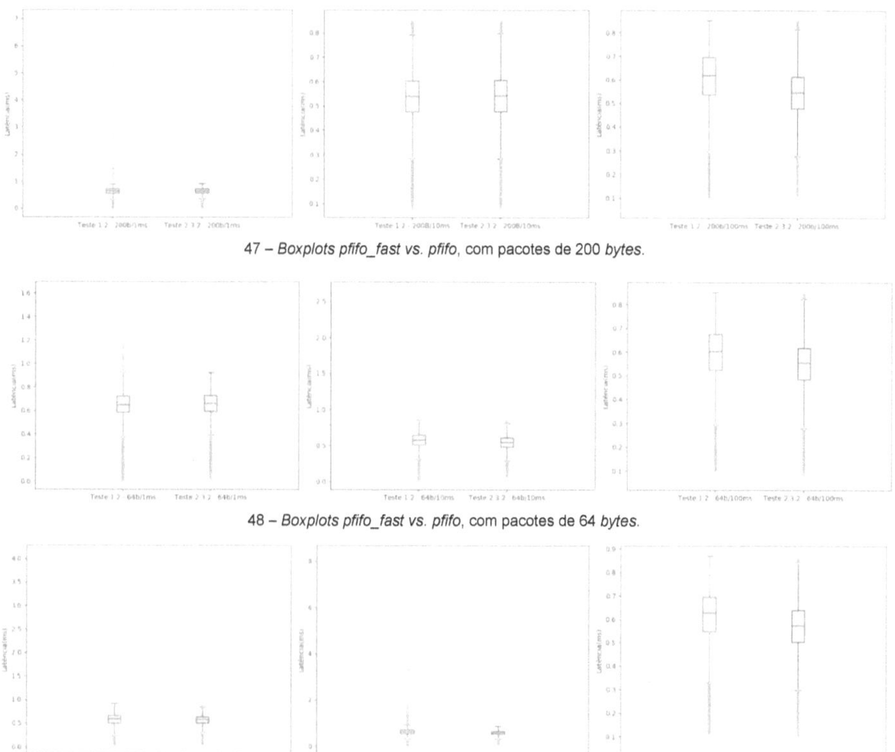

47 – *Boxplots pfifo_fast vs. pfifo, com pacotes de 200 bytes.*

48 – *Boxplots pfifo_fast vs. pfifo, com pacotes de 64 bytes.*

49 – *Boxplots pfifo_fast vs. pfifo, com pacotes de 1472 bytes.*

Olhando para as imagens anteriores não dá para ver uma melhoria significativa ao nível das posições das caixas de bigodes azuis (*pfifo*), comparando com as posições das caixas vermelhas (*pfifo_fast*). Sendo que a maioria dos valores se encontram dentro do contexto das caixas, é possível afirmar que trocar para a *pfifo* não consegui baixar a maioria dos valores de latência recolhidos no teste.

A pequena diferença surge nos *outliers*, que ilustram os valores máximos de latência em cada teste, sendo que no caso da *pfifo* estes foram mais baixos. Tal pode dever-se ao facto de a *pfifo* estar configurada com uma fila de 100 pacotes, não conseguindo pôr em espera mais pacotes que esse limite definido.

De modo a ver os dados de outra maneira, organizou-se os dados recolhidos em ambos os testes sobre a forma de distribuições cumulativas de frequências, produzindo duas curvas, a vermelha (*pfifo_fast*) e a azul (*pfifo*).

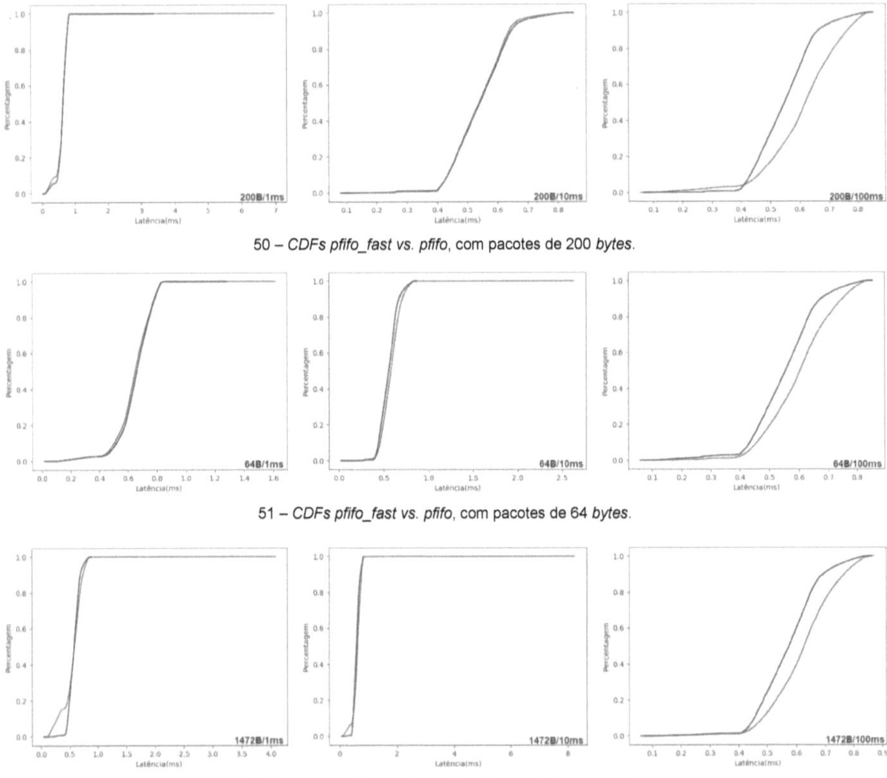

50 – *CDFs pfifo_fast vs. pfifo*, com pacotes de 200 *bytes*.

51 – *CDFs pfifo_fast vs. pfifo*, com pacotes de 64 *bytes*.

52 – *CDFs pfifo_fast vs. pfifo*, com pacotes de 1472 *bytes*.

Como já se tinha observado nas figuras anteriores, as curvas azuis (*pfifo*) não atingem valores tão elevados de latência como as curvas vermelhas (*pfifo_fast*), podendo dever-se ao facto de haver um limite de pacotes que podem ser postos em espera (100 pacotes).

Embora não sejam atingidos valores tão elevados, as diferenças entre as duas curvas revelam-se mínimas, com as curvas azuis (*pfifo*) a terem um desempenho melhor em certos casos e noutros casos a serem as curvas vermelhas (*pfifo_fast*) a registar um desempenho superior.

Alguns valores elevados e esporádicos de latência não justificam que se escolha a *pfifo* em detrimento da *pfifo_fast*, uma vez que em certos casos a *pfifo* tem um desempenho pior.

3.3.3.3 Fq_*codel*

A *posteriori*, configurou-se a *qdisc fq_codel*, sendo que os parâmetros que foram alterados foram: *limit*, *target*, *flows*, *quantum*, *interval* e *noecn*.

- ✓ O *limit* especifica a quantidade de pacotes admitidos na fila.
- ✓ O *target* é atraso mínimo aceitável que os pacotes estão sujeitos na fila.
- ✓ Os *flows* traduz-se no número de fluxos entre os quais os pacotes são classificados.
- ✓ O *quantum* é o número de *bytes* utilizado pelo algoritmo de *fair queueing*.
- ✓ O *interval* é usado para certificar-se que o atraso mínimo medido não se torna demasiado estável.
- ✓ Por fim, *noecn* é usado para desligar a notificação explícita de congestionamento e, em vez disso, simplesmente descarta os pacotes para o sinalizar.

Na figura em baixo está o comando usado para a configuração da *fq_codel*.

```
tc qdisc add dev eth0 root fq_codel limit 1000 target 1 ms flows 1024 quantum 1514 interval 100ms noecn
```

53 – Configuração da *fq_codel qdisc*.

Primeiramente, os pacotes recolhidos pelo filtro tinham 200 *bytes*, simulando assim os pacotes gerados por uma chamada *VoIP*.

Para simular tráfego gerado por uma aplicação de controlo, alterou-se o tamanho dos pacotes para 64 *bytes*.

Por fim foram enviados pacotes com 1472 *bytes*, aproximando-se do tráfego gerado por uma aplicação de vídeo.

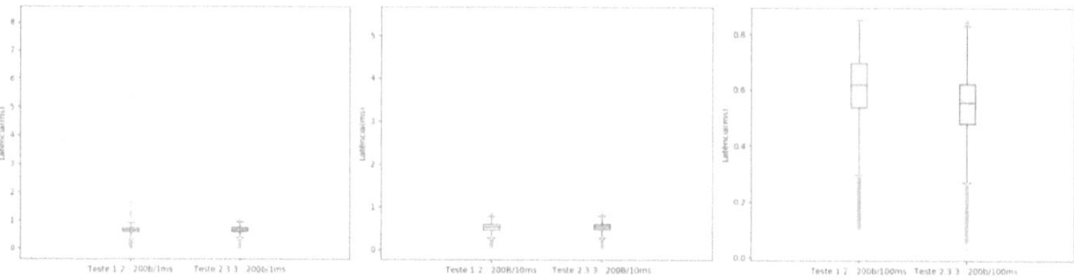

54 – *Boxplots pfifo_fast vs. fq_codel*, com pacotes de 200 *bytes*.

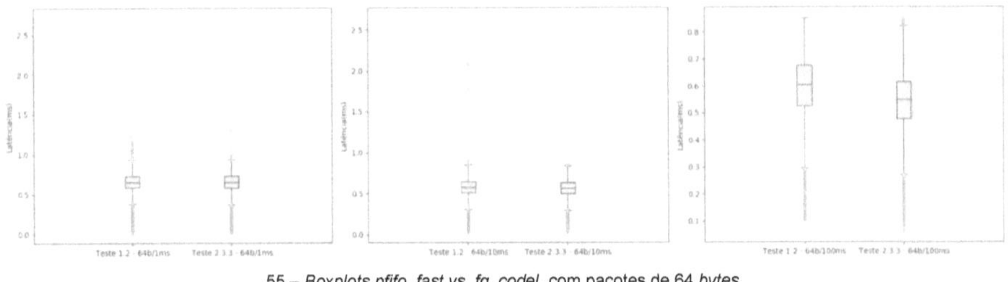

55 – *Boxplots pfifo_fast vs. fq_codel*, com pacotes de 64 *bytes*.

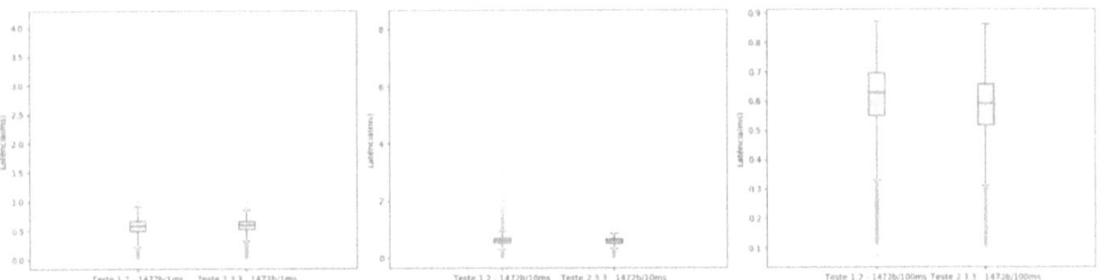

56 – *Boxplots pfifo_fast vs. fq_codel*, com pacotes de 1472
bytes.

Olhando para os *outliers*, em certos casos, existe uma pequena diferença entre as duas amostras, surgindo valores mais baixos nas caixas azuis (*fq_codel*). Em algumas situações, os valores máximos registados nas caixas vermelhas (*pfifo_fast*) são mais baixos do que os valores recolhidos no teste da *fq_codel*, sendo percetível que as duas *Qdiscs* produzem resultados semelhantes.

Se olharmos apenas para as caixas, vemos que tanto as vermelhas (*pfifo_fast*) como as azuis (*fq_codel*) estão situadas nos mesmos valores, sendo que dentro do contexto das caixas estão a maior parte dos valores de latência recolhidos nos dois testes.

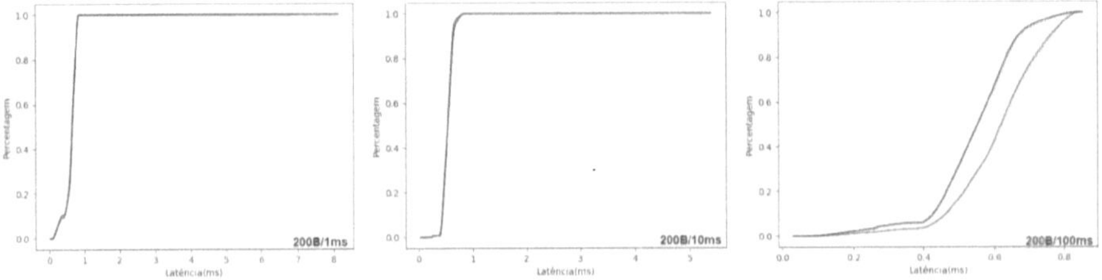

57 – *CDFs pfifo_fast vs. fq_codel*, com pacotes de 200 *bytes*.

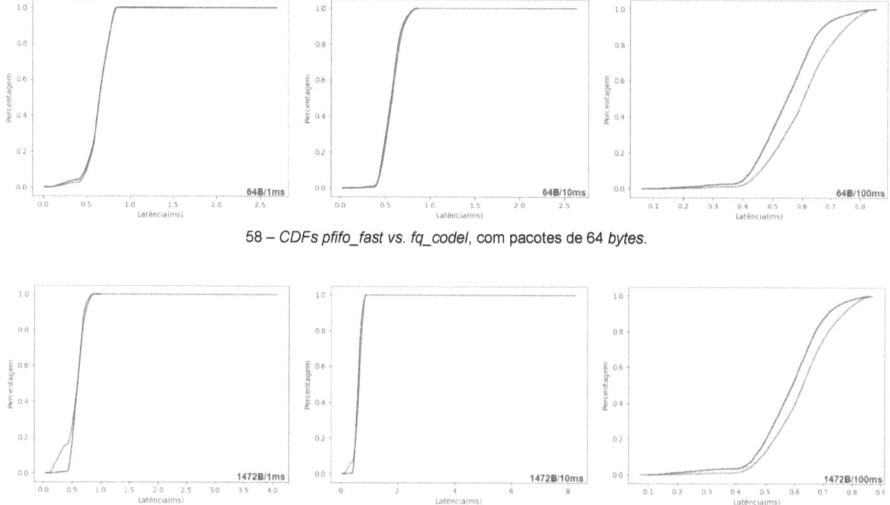

58 – *CDFs pfifo_fast vs. fq_codel*, com pacotes de 64 *bytes*.

59 – *CDFs pfifo_fast vs. fq_codel*, com pacotes de 1472 *bytes*.

As curvas dos dois testes em alguns casos estão sobrepostas e noutros casos as curvas azuis (*fq_codel*) têm um desempenho superior, mas á parte destas pequenas diferenças os dois testes produzem resultados bastante aproximados, mas é preciso notar que em algumas *Qdiscs* anteriores as curvas dessas *Qdiscs* mostravam, por vezes, resultados piores que a *pfifo_fast* definida por padrão. Tal não acontece neste caso.

3.3.3.4 Htb

A penúltima *qdisc* que se implementou e testou, foi a *htb*. Foram configuradas duas classes de tráfego, uma para o tráfego prioritário, que é fluxo de pacotes da chamada *VoIP*, e outra para os restantes fluxo de dados. Abaixo, temos os comandos usados para proceder á configuração desta *queueing discipline*.

```
tc qdisc add dev eth0 root handle 1: htb default 30
tc class add dev eth0 parent 1:1 classid 1:10 htb rate 200kbit burst 15k
tc class add dev eth0 parent 1:1 classid 1:20 htb rate 999mbit ceil 1000mbit burst 15k
tc qdisc add dev eth0 parent 1:10 handle 10: sfq perturb 10
tc qdisc add dev eth0 parent 1:20 handle 20: sfq perturb 10
$U32="tc filter add dev eth0 protocol ip parent 1:0 prio 1 u32"
$U32 match ip dport 5061 0xffff flowid 1:10
```

60 – Configuração da *htb qdisc*.

Os argumentos usados foram:

- ✓ *rate*: velocidade mínima aplicada ao tráfego transmitido.
- ✓ *ceil rate*: velocidade máxima aplicada ao tráfego transmitido.
- ✓ *burst*: tamanho do *bucket*, sendo que o *Htb* vai processar o número de *bytes* definido antes da chegada de mais *tokens*.
- ✓ *quantum*: usado para dividir o tráfego entre as classes-filho e para transmitir a partir dessas mesmas classes.

Passada a configuração, foi tempo de testar, recolher os dados e produzir os gráficos para a análise. Em primeiro lugar foram enviados pacotes com 200 *bytes*, a cada 1, 10 e 100 milissegundos, simulando assim o tráfego gerado por uma chamada *VoIP*.

Depois, foram gerados e transmitidos pacotes com 64 *bytes*, com o intuito de simular tráfego normalmente gerado por uma aplicação de controlo, como por exemplo, de máquinas em ambiente fabril.

Por fim, alterou-se o tamanho de pacotes para 1472 *bytes*, simulando o tráfego gerado por aplicação de vídeo, onde por exemplo se insere uma videochamada.

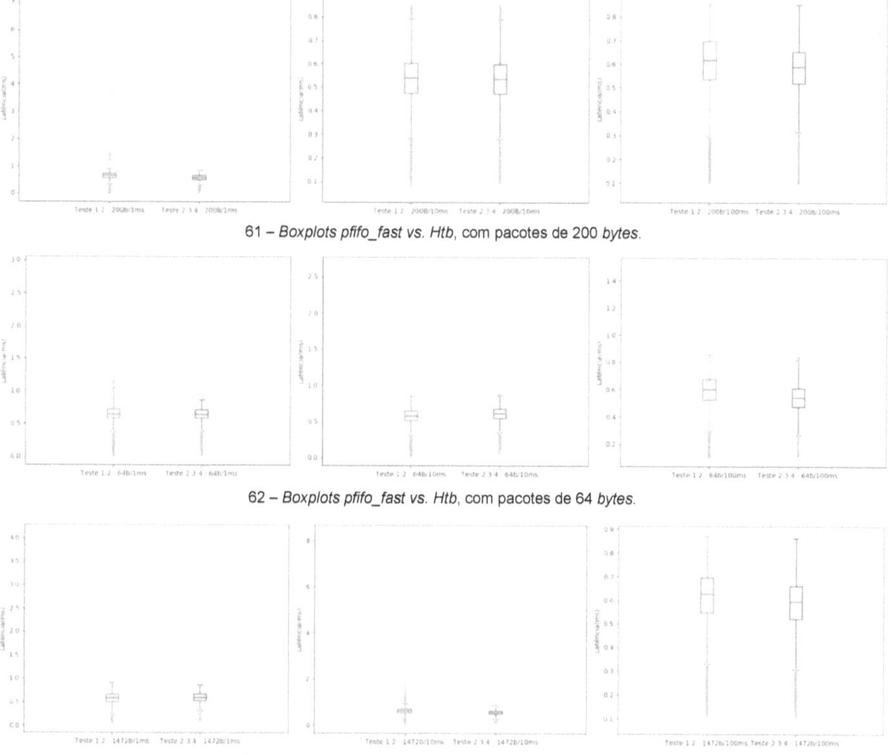

61 – *Boxplots pfifo_fast vs. Htb*, com pacotes de 200 *bytes*.

62 – *Boxplots pfifo_fast vs. Htb*, com pacotes de 64 *bytes*.

63 – *Boxplots pfifo_fast vs. Htb*, com pacotes de 1472 *bytes*.

Ao se observar as três figuras anteriores, vê-se que as caixas de bigodes azuis (*Htb*), onde se encontram a maior parte dos valores de latência recolhidos, estão aproximadamente nas mesmas posições das caixas vermelhas (*pfifo_fast*).

A *pfifo_fast*, já implementa um esquema de prioridades, o *Priomap*, e ao se configurar a *Htb* para dar prioridade a um certo tipo de tráfego, está-se na verdade a reimplementar um sistema de prioridades que já funcionava relativamente bem. A diferença recai no facto de se poder configurar mais parâmetros, e por ser aplicado um (ou mais) *token bucket*.

Ao nível dos *outliers*, que ilustram os valores máximos de latência registados em cada teste, são por vezes mais baixos na *Htb* e noutras situações são mais baixos na *pfifo_fast*.

Resta apresentar os dados sobre a forma de curvas, como habitualmente é feito, para se ter uma perspectiva diferente sobres os dados recolhidos em cada teste.

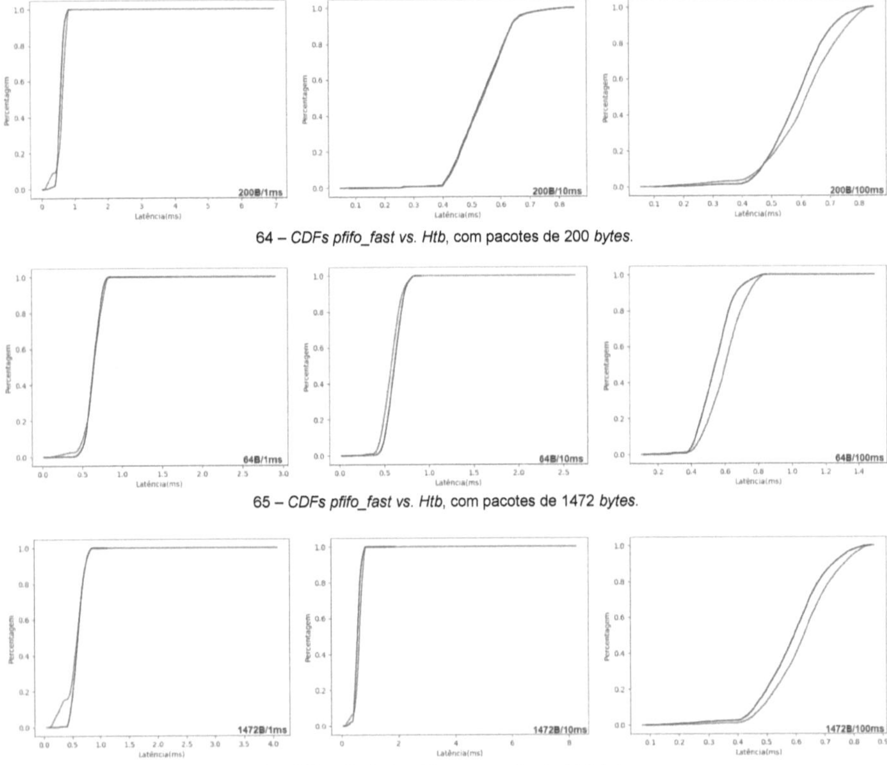

64 – *CDFs pfifo_fast vs. Htb*, com pacotes de 200 *bytes*.

65 – *CDFs pfifo_fast vs. Htb*, com pacotes de 1472 *bytes*.

66 – *CDFs pfifo_fast vs. Htb*, com pacotes de 1472 *bytes*.

Na maior parte das figuras as curvas encontram-se sobrepostas, recaindo a diferença nos gráficos onde os pacotes interativos são enviados com um maior intervalo (100 ms) entre si, e aí as curvas azuis (*Htb*) possuem um desempenho ligeiramente melhor do que as curvas vermelhas (*pfifo_fast*).

dos outros gráficos.

Tendo em conta os resultados obtidos no teste da *Htb*, estes não parecem justificar uma mudança, uma vez que existe uma certa imprevisibilidade nos valores de latência obtidos, tendo em certas situações resultados piores que a *pfifo_fast*.

3.3.3.5 Hfsc

Por fim, configurou-se a *hfsc*, que tem como foco garantir uma alocação precisa da *bandwidth* e do atraso por todas as classes. Quando existe excesso de *bandwidth* esta *qdisc* tenta distribuir justamente tendo em conta a hierarquia de classes.

Foi criada uma classe prioritária que receberia os pacotes do fluxo de dados interativo, introduzindo uma separação dos pacotes do fluxo da transferência de dados que estariam atribuídos a uma outra classe com menor prioridade.

A configuração desta *queueing discipline* encontra-se na figura imediatamente abaixo.

```
tc qdisc add dev eth0 root handle 1: hfsc default 10
tc class add dev eth0 parent 1: classid 1:1 hfsc sc rate 1000mbit ul rate 1000mbit
tc class add dev eth0 parent 1:1 classid 1:10 hfsc sc umax 1500b dmax 50ms rate 999mbit ul rate
1000mbit
tc class add dev eth0 parent 1:1 classid 1:11 hfsc sc umax 1500b dmax 6ms rate 250kbit ul rate 1000mbit
tc filter add dev eth0 parent 1: protocol ip prio 1 u32 match ip dport 5001 0xffff flowid 1:11
```

67 – Configuração da *hfsc qdisc*.

O parâmetro definido como *rate* indica a taxa de transmissão de cada classe, enquanto que o argumento *ul* traduz-se no limite superior da taxa de transmissão.

O *umax* é o tamanho máximo do pacote e o *dmax* é valor máximo do atraso.

Posteriormente, foi definido um filtro de modo a permitir a classificação dos pacotes *VoIP* como prioritários, sendo atribuídos á classe com a prioridade mais elevada. Este filtro captura os pacotes tendo em conta a porta de destino.

Tal como em todos os testes anteriores, começar-se-á por analisar os dados recolhidos provenientes da transmissão de um fluxo de pacotes com 200 *bytes*, simulando assim um fluxo de pacotes de uma chamada *VoIP*. Posteriormente, alterar-se-á o tamanho dos pacotes para 64 *bytes*, de maneira a simular tráfego gerado por uma aplicação de controlo.

Para finalizar, será testada a geração transmissão de pacotes com 1472 *bytes*, com o intuito de simular o tráfego gerado por uma aplicação de vídeo.

Os pacotes serão enviados a cada 1, 10 e 100 milissegundos.

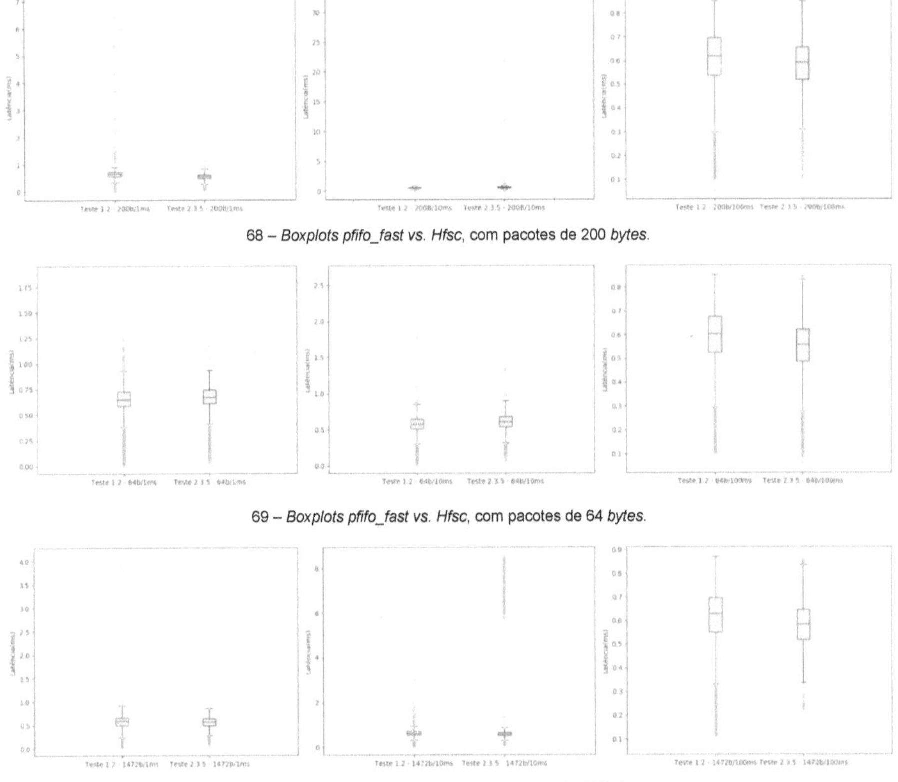

68 – *Boxplots pfifo_fast vs. Hfsc*, com pacotes de 200 *bytes*.

69 – *Boxplots pfifo_fast vs. Hfsc*, com pacotes de 64 *bytes*.

70 – *Boxplots pfifo_fast vs. Hfsc*, com pacotes de 1472 *bytes*.

Ao olhar para as três imagens anteriores vê-se que apesar de em alguns casos as duas amostras (*pfifo_fast* e *Hfsc*) produzirem resultados idênticos, quando se particulariza a análise aos *outliers* é possível ver que por vezes os *outliers* das caixas azuis (*Hfsc*) são bastante superiores aos valores registados fora das caixas vermelhas (*pfifo_fast*).

Olhando para as configurações, o *dmax* definia o valor máximo do atraso que estava configurado como 6 milissegundos. Num caso em particular, registou-se um valor de latência superior a 30 milissegundos, tendo falhado a priorização do tráfego interativo.

Com base nas figuras, não se encontra uma razão que seja suportada pelos dados dos testes que justifique trocar da *pfifo_fast* para a *Hfsc*.

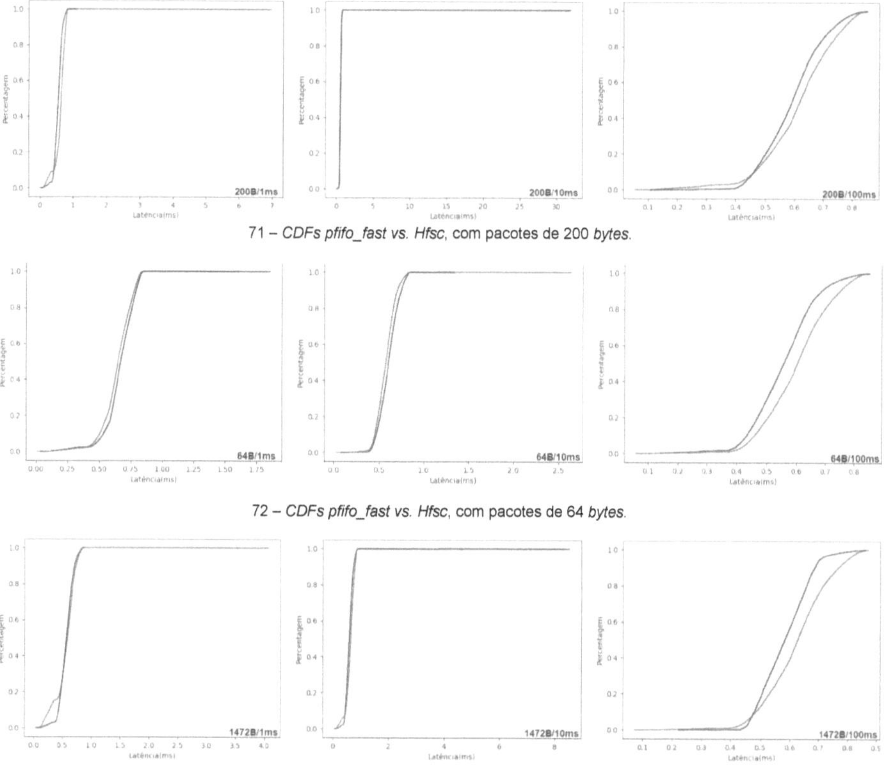

71 – *CDFs pfifo_fast vs. Hfsc*, com pacotes de 200 *bytes*.

72 – *CDFs pfifo_fast vs. Hfsc*, com pacotes de 64 *bytes*.

73 – *CDFs pfifo_fast vs. Hfsc*, com pacotes de 1472 *bytes*.

Ao se apresentar os dados de latência sobre a forma de uma distribuição cumulativa de frequências, confirmam-se as conclusões tiradas nas análises das figuras anteriores, ou seja, apesar de em alguns casos as curvas azuis (*Hfsc*) terem melhores resultados que as curvas vermelhas (*pfifo_fast*) tal não pode ser generalizável porque o contrário também ocorre.

Esporadicamente registam-se altos valores de latência, o que alia uma certa imprevisibilidade á *Hfsc* configurada com os comandos mostrados em cima. As diferenças nos dados observados, não são suficientes para justificar uma mudança.

3.3.4 Teste ao combinado de Otimizações

Para finalizar o capítulo das otimizações ao sistema, não usando soluções externas, mas usando apenas diferentes configurações nas interfaces, será feita uma configuração contendo as configurações individuais, que foram testadas e a partir das quais se obtiveram os melhores resultados, sendo este teste também conhecido como Teste 2.4.

Esta otimização final que será discutida neste teste, conterá:

- ✓ *Byte Queue Limits*: *limit_max* definido para 3000 *bytes*.
- ✓ *TCP Small Queues*: *tcp_limit_output_bits* definido para 65536 *bits*.
- ✓ Uso da *qdisc fq_codel*.

Como já tinha sido referido no final do teste anterior, neste teste foram conjugadas as melhores alternativas de toda a panóplia de soluções diferentes que foram testadas.

Relativamente ao *Byte Queue Limits*, foram usados 3000 *bytes* para o limite máximo do algoritmo (*limit_max*), uma vez que os resultados anteriormente processados já tinham sido bastante bons.

Para tentar selar um compromisso sólido entre a latência e o desempenho, usou-se 65536 *bits* para limitar o número de *bits* oriundos de um fluxo *TCP*, que geralmente tem o nome de *TCP Small Queues*, onde se consegui registar os valores mais baixos de latência, sem comprometer em demasia o desempenho do sistema.

Por fim, a *qdisc* escolhida foi a *fq_codel*, onde se obteve os valores de latência mais reduzidos ou iguais, quando se fala de *outliers*.

Uma das razões pela qual foi escolhida esta *qdisc*, deve-se ao facto de nas distribuições mais recentes de sistemas baseados em *Linux* esta ter sido a *qdisc* que vem sendo configurada como padrão.

A facilidade de configuração também pesou a favor da *fq_codel*, uma vez que não é preciso definir classes prioritárias nem definir filtros para classificar certo tipo de tráfego como prioritário.

As configurações dos parâmetros são em tudo semelhantes às usadas anteriormente, aquando de cada teste individual.

Enviaram-se pacotes com 200 *bytes*, simulando um fluxo de pacotes de uma chamada *VoIP*, a cada 1, 10 e 100 milissegundos.

Posteriormente, e como habitual, alterou-se o tamanho dos pacotes para 64 *bytes* de modo a simular tráfego gerado por uma aplicação de controlo de máquinas em ambiente fabril, por exemplo.

Para finalizar, transmitiu-se pacotes com 1472 *bytes*, com o intuito de simular tráfego gerado por uma aplicação de vídeo.

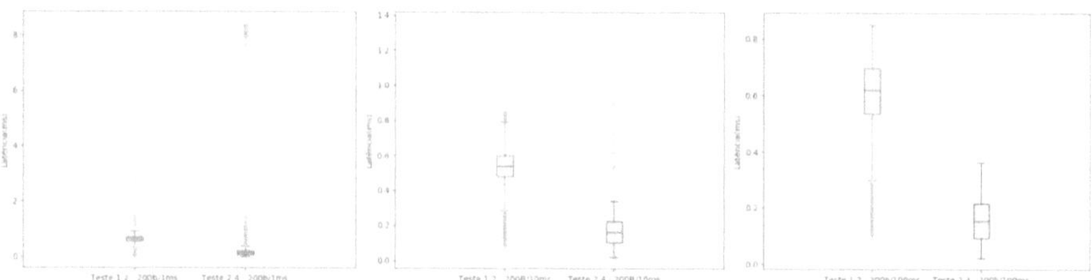

74 – Boxplots *pfifo_fast* vs. *Comb*, com pacotes de 200 *bytes*.

75 – Boxplots *pfifo_fast* vs. *Comb*, com pacotes de 64 *bytes*.

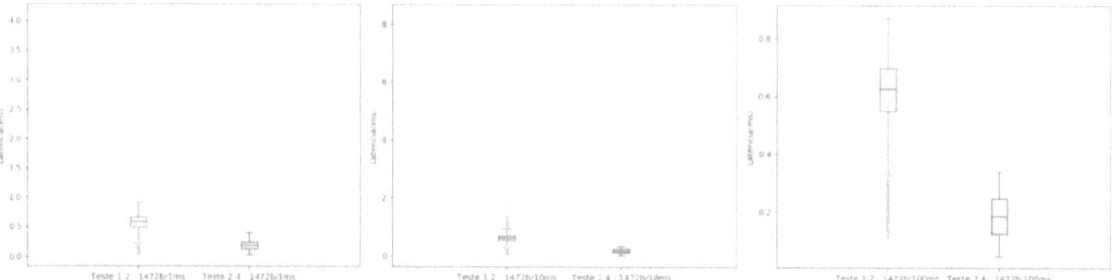

76 – Boxplots *pfifo_fast* vs. *Comb*, com pacotes de 200 *bytes*.

Com base nas figuras anteriormente apresentadas, é percetível que existe uma grande diferença entre os dois casos de estudo. É nas caixas de bigodes que se concentra a maior parte dos valores de latência recolhidos em cada teste, sendo que as caixas azuis (*Comb*) estão sempre abaixo das caixas vermelhas (*pfifo_fast*).

Esta diferença na posição das caixas deve-se ao facto de se limitar a quantidade de dados que podem ser postos em espera, porque se alterou o limite máximo do algoritmo *BQL*, como já se tinha visto quando se testou esta otimização individualmente.

Era esperado que ao aliar a modificação do algoritmo *BQL* a uma *qdisc* diferente (*fq_codel*) e á limitação de *bytes* em espera por fluxo *TCP*, se conseguisse mitigar os altos valores de latência, esporádicos, que surgem. Tal não aconteceu.

Se existisse mias do que um fluxo *TCP* concorrente, provavelmente registar-se-iam um maior número de outliers elevados, uma vez que a otimização das *TCP Small* Queues atua individualmente em cada fluxo TCP, ou seja o limite é por fluxo *TCP* e não por conjunto de fluxos TCP.

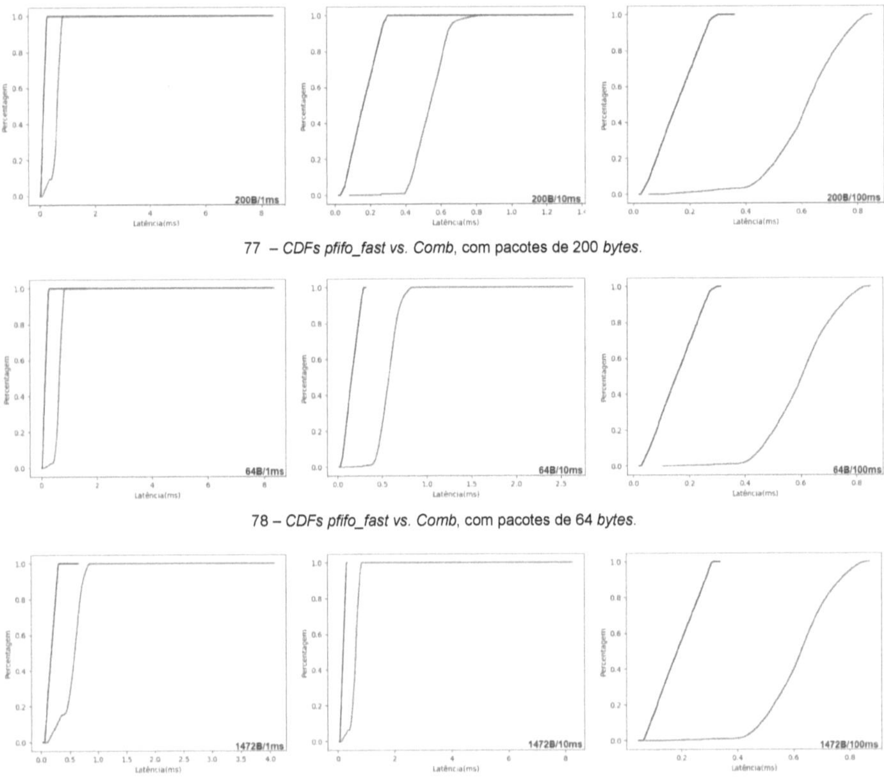

77 – *CDFs pfifo_fast vs. Comb*, com pacotes de 200 *bytes*.

78 – *CDFs pfifo_fast vs. Comb*, com pacotes de 64 *bytes*.

79 – *CDFs pfifo_fast vs. Comb*, com pacotes de 1472 *bytes*.

As *CDFs*, vincaram bem as diferenças entre os dados recolhidos neste teste e os dados que tinham sido recolhidos no teste do pior caso.

Ao se definir o limite máximo do algoritmo *BQL*, permitiu que a maioria dos valores de latência registados fossem relativamente baixos, mas esporadicamente ocorriam valores que se encontravam completamente fora de contexto.

Limitar o número de *bytes TCP* por fluxo postos em espera acentuou ainda mais o efeito aliado á otimização do algoritmo *BQL*, mas o problema das altas latências continua a verificar-se.

A *qdisc fq_codel* em certos casos registava valores máximos de latência mais baixos do que na *pfifo_fast*, porém noutras situações atingia valores ainda mais elevados.

Apesar de a grande maioria dos valores de latência recolhidos neste teste serem mais baixos, ocasionalmente ocorrem valores elevados que podem por em causa a estabilidade da aplicação/sistema.

3.4 Teste do *eXpress Data Path*

Uma solução que envolve mais conteúdo programático do que os testes anteriores é o *eXpress Data Path*. Ao se configurar esta alternativa, é reduzida a necessidade de trabalhar com ficheiros de configuração, uma vez que a implementação do *routing* em *user-space* é parametrizada através de uma série de programas que depois são associados às interfaces locais do sistema de teste.

O *XDP* tenta equilibrar os benefícios do *kernel* com um processamento de pacotes amplamente mais rápido.

Os programas *XDP* podem ser anexados em três diferentes pontos, sendo mais rápido executar no *NIC*, mas para isso seria necessário um *smartnic*, *hardware* que não foi utilizado neste estudo.

Nesta análise, um dos modos utilizados foi o modo automático, onde o programa *XDP* é anexado no controlador do *NIC*, caso seja suportado, caso contrário o programa é carregado em modo *SKB*.

Também se usou o modo *SKB* onde o programa é chamado através da função *netif_receive _ skb()*, após se completar o acesso direto á memória (*Direct Memory Access*) e a alocação dos *SKBs*. De acordo com a bibliografia do projecto *XDP*, este método pode perder a maioria dos benefícios inerentes ao *XDP*.

Todo o código usado nestes testes teve como base o *xdp-tutorial*, disponível em Foi também usado código de *Andree Toonk* [7], disponível em

A ação predefinida no programa é o *XDP_PASS*, sendo feita uma verificação do *TTL* de cada pacote, de modo a prevenir ciclos sem fim. Caso o endereço de destino do pacote não possa ser alcançado, os pacotes são descartados.

Este Teste pode surgir referido como Teste 3.

Como referido anteriormente serão feitos dois testes, com as mesmas condições de teste, mas a usar os seguintes modos do *XDP*:

    ✓ *SKB* – Teste 3.1;
    ✓ *Auto* – Teste 3.2;

3.4.1 Modo *SKB*

As condições de teste foram semelhantes ao teste anterior, em que para além dos pacotes enviados pela aplicação interativa, temos também uma transferência de dados *TCP* concorrente que usa a total capacidade da interface, tendo em conta que se pretende observar diferenças entre este teste e o teste 1.2.

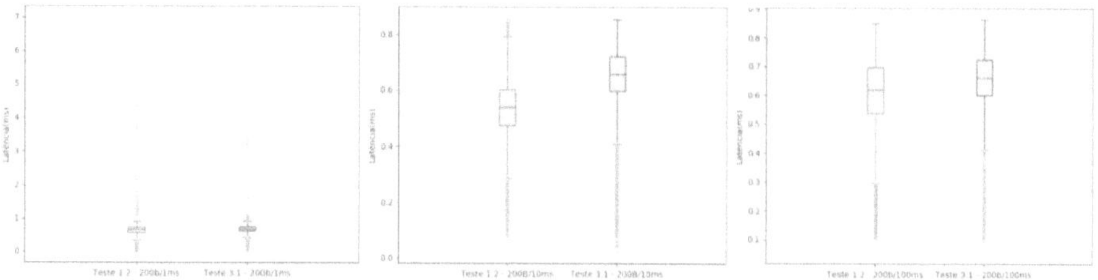

```
mount -t bpf bpf /sys/fs/bpf/
./xdp_loader -d eth0 -F — progsec xdp_router --skb-mode
./xdp_prog_user -d eth0
```

80 – Como integrar o programa *XDP* na interface pretendida.

Na figura anterior, está representado o processo de integração do programa *XDP* com a interface que enviará os pacotes (*upstream*). Como em cima mencionado, começou-se por testar o programa em modo *SKB*.

Testou-se em primeiro lugar, o envio de pacotes com 200 *bytes*, a cada 1, 10 e 100 milissegundos, simulando assim o tráfego gerado por uma chamada *VoIP*.

Posteriormente, passou-se a transmitir pacotes com 64 *bytes*, simulando o tráfego gerado por uma aplicação de controlo.

E por fim, para simular tráfego gerado por uma aplicação de vídeo, alterou-se o tamanho dos pacotes que estavam a ser transmitidos para 1472 *bytes*.

81 – *Boxplots pfifo_fast vs. XDP(Skb)*, com pacotes de 200 *bytes*.

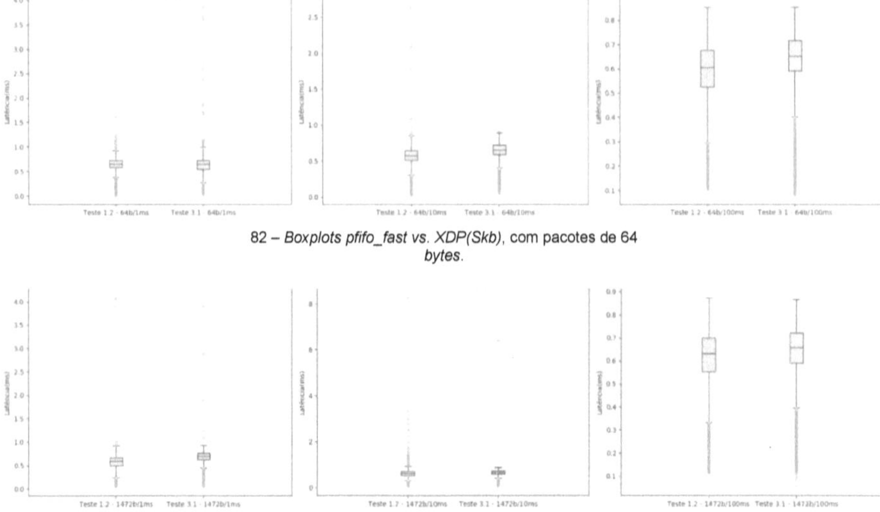

82 – *Boxplots pfifo_fast vs. XDP(Skb)*, com pacotes de 64 bytes.

83 – *Boxplots pfifo_fast vs. XDP(Skb)*, com pacotes de 1472 bytes.

Nas figuras anteriores é possível observar poucas ou nenhumas diferenças entre os dois testes. Em algumas situações, e falando do *outliers*, existem valores mais elevados acima das caixas de bigodes azuis (*XDP Skb*) do que nas caixas vermelhas (*pfifo_fast*).

Como o programa é executado em modo *Skb*, este é chamado usando a função *netif_receive_skb()*, sendo que esta chamada ocorre após o acesso direto á memória do pacote e é também posterior á alocação dos *Skbs* (*Socket Kernel Buffers*), resultando na perda da maior parte dos benefícios, a nível de performance.

Apesar disso, a pouca programação envolvida, com cerca de 100 linhas de código, tornam esta alternativa, uma solução a considerar, uma vez que os resultados obtidos não são muito diferentes dos obtidos na *pfifo_fast*, com anos de desenvolvimento.

Agruparam-se estes dados como distribuições cumulativas de frequências para oferecer uma visão diferente sobre os valores de latência recolhidos em cada teste.

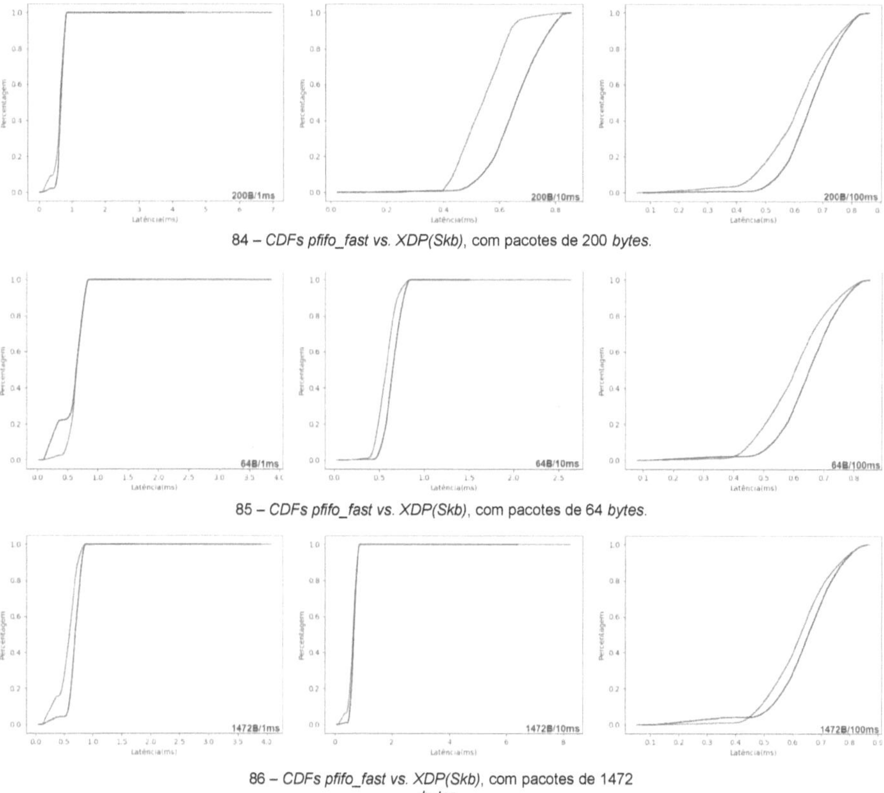

84 – *CDFs pfifo_fast vs. XDP(Skb)*, com pacotes de 200 *bytes*.

85 – *CDFs pfifo_fast vs. XDP(Skb)*, com pacotes de 64 *bytes*.

86 – *CDFs pfifo_fast vs. XDP(Skb)*, com pacotes de 1472 *bytes*.

As curvas, elaboradas a partir dos dados de latência recolhidos nos dois testes, sugerem diferenças mínimas entre os dois conjuntos de dados. Porém, nos casos onde as curvas não estão sobrepostas, as curvas vermelhas (*pfifo_fast*) têm um desempenho melhor do que as curvas azuis (*XDP Skb*).

Como referido anteriormente, isto deve-se ao facto do código *XDP* ser chamado após a execução de funções que consomem tempo precioso, como o acesso direto á memória e a alocação dos *Skbs*.

Na própria bibliografia do projeto *XDP*, aprece descrito que este modo de operação não tira total vantagem das características do *XDP* e os resultados são idênticos, ou por vezes ligeiramente piores melhores, o que se comprovou com as figuras apresentadas neste subponto.

3.4.2 Modo *Auto*

Para ver se a execução do programa *XDP* melhorava resultados obtidos no *XDP – skb-mode*, testou-se o *XDP* em modo automático, sendo que a única diferença na configuração se traduz na substituição do argumento *–skb-mode* pelo *–auto-mode*.

O modo automático deixa o programa *loader*, que tem como função carregar o programa *XDP*, decidir o modo de operação. Primeiramente, tenta carregar o programa *XDP* em modo nativo, se tal modo não for suportado pelos controladores das interfaces em questão, este tenta carregar o programa no modo genérico de operação, o modo *Skb*, onde a performance do filtro de pacotes é drasticamente reduzida.

Sem saber se o modo automático produziria resultados semelhantes ao modo *Skb*, significando que o modo nativo não era suportado na interface de transmissão do sistema de teste, começou-se por testar a otimização com pacotes de 200 *bytes*, enviados a cada 1, 10 e 100 milissegundos, simulando assim tráfego gerado por uma chamada *VoIP*.

Foram também enviados pacotes com 64 *bytes*, com o intuito de igualar o tráfego gerado por uma aplicação de controlo, a operar no contexto fabril, por exemplo.

Por fim, simulou-se o tráfego gerado por uma aplicação de vídeo, gerando e transmitindo pacotes com 1472 *bytes*.

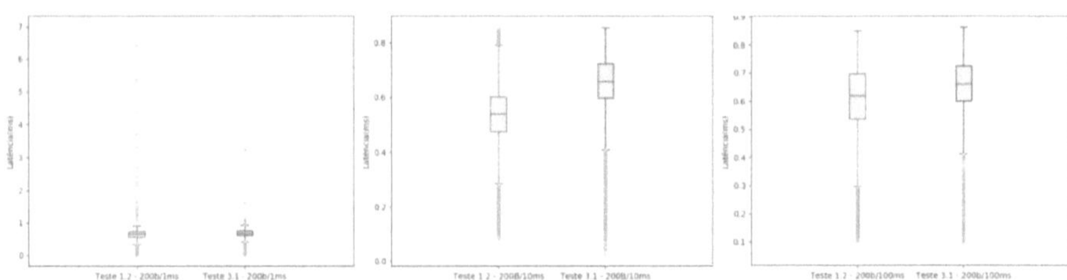

87 – *Boxplots pfifo_fast vs. XDP(Auto), com pacotes de 200 bytes.*

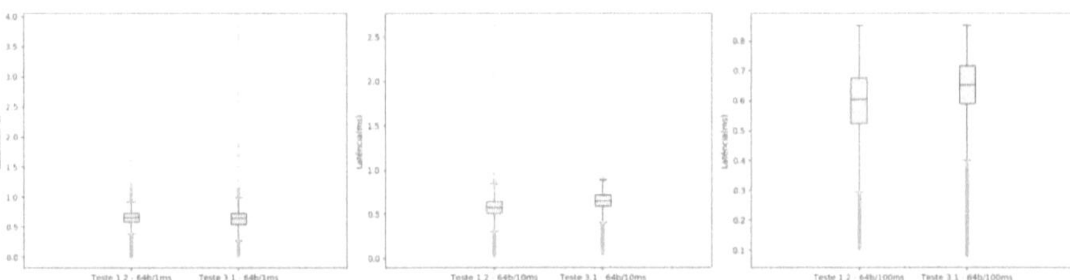

88 – *Boxplots pfifo_fast vs. XDP(Auto), com pacotes de 64 bytes.*

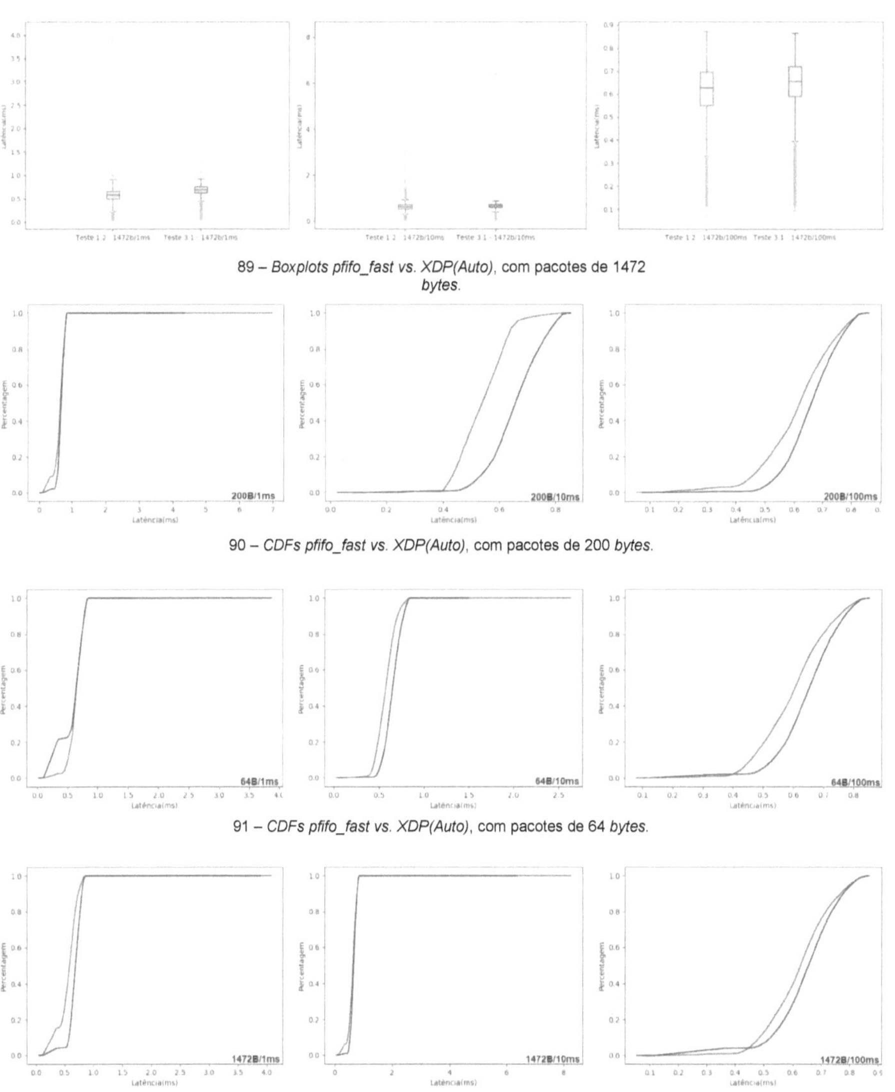

89 – *Boxplots pfifo_fast vs. XDP(Auto)*, com pacotes de 1472 *bytes*.

90 – *CDFs pfifo_fast vs. XDP(Auto)*, com pacotes de 200 *bytes*.

91 – *CDFs pfifo_fast vs. XDP(Auto)*, com pacotes de 64 *bytes*.

92 – *CDFs pfifo_fast vs. XDP(Auto)*, com pacotes de 1472 *bytes*.

Olhando tanto para as figuras das caixas de bigodes, como para as curvas, estas parecem exatamente iguais às figuras do teste *Skb*, com ligeiras diferenças, significando que o modo nativo não é suportado na interface de transmissão dos pacotes e o programa foi carregado em modo *Skb*.

Tal como foi explicado no subponto anterior, a maior parte dos ganhos a nível do processamento dos pacotes são perdidos quando se utiliza o modo *Skb*, pois o programa só é carregado após o acesso direto á memória e após a alocação dos *Skbs*, sendo que estas duas operações consomem tempo precioso.

É pena que para se retirar o máximo desempenho do *XDP* se esteja dependente de *hardware* específico, como os *smartnics*.

Ainda assim, mesmo não estando no seu desempenho máximo, o programa *XDP* iguala em muitas situações a *pfifo_fast* e quando tem um desempenho pior, a diferença entre os dois testes não é gigante.

A nível de *outliers*, em todos os testes efetuados, o programa *XDP* ou iguala a *pfifo_fast* ou então tem um desempenho ligeiramente superior, sendo bom reduzir as latências máximas registadas.

Apesar da dependência de *hardware* específico ou de controladores específicos, não sendo o modo nativo generalizável a todos os sistemas baseados em *Linux*, o *XDP* é uma excelente alternativa, que certamente terá um desempenho bastante superior.

Conclusão

Os resultados obtidos em todos os testes feitos, com diferentes configurações, provaram que é possível baixar os valores de latência registados quando se testa o sistema sem nenhuma modificação.

Embora se consiga baixar os valores de latência registados, no capítulo de testes das otimizações, o *Hard Real-Time* não é possível de implementar neste sistema, tendo em conta os resultados dos testes obtidos.

 Os testes mostram que, apesar de os valores médios e a quantidade de valores elevados diminuírem, esporadicamente registam-se valores completamente fora da caixa. Os sistemas *Hard Real-Time* dependem de um controlo bastante apertados nos prazos de transmissão e receção de pacotes, tendo geralmente um intervalo pequeno de tempo, no qual esperam receber os pacotes. Ao falhar o envio de um pacote neste intervalo de tempo, como se registou nos testes com valores de latência esporadicamente elevados, tal acontecimento resultaria numa falha completa do sistema e/ou aplicação que estava dependente da receção de informação contida num pacote que se atrasou.

Relativamente á existência de suporte para sistemas/aplicações *Soft Real-Time*, os resultados obtidos nos testes às otimizações/configurações mostram que é possível, uma vez que os valores de latência são passiveis de serem reduzidos, em certas condições, bem como os valores mais elevados de latência, que geralmente correspondem a uma percentagem diminuta da totalidade dos valores recolhidos. Como os sistemas e/ou aplicações *Soft Real-Time* não são tão rígidos, no que toca á falha de prazos de entrega da informação sobre a forma de pacotes, estes não sofrem uma falha catastrófica, bloqueando-os e impedindo-os de continuar a operar. Contudo, a performance destes sistemas/aplicações fica degradada.

O *XDP* mostra ser uma boa solução, ainda que nos testes realizados se comporte ligeiramente pior que algumas das configurações usadas. O modo *SKB* revela resultados bastante semelhantes, ainda que ligeiramente melhores ao nível dos *outliers*, uma vez que o *kernel* tem de proceder á alocação dos *Socket Kernel Buffers*, perdendo tempo valioso a completar esta operação.

Em modo automático, como o controlador da interface não suportava o *XDP* em modo nativo, o programa acabou por ser carregado novamente em modo *SKB*, registando resultados semelhantes aos obtidos no modo *SKB*.

O custo pago por se chamar o programa *XDP* após a execução de algumas funções é algo elevado e limita bastante o desempenho obtido. Porém, registou-se uma diminuição ao nível dos valores máximos de latência, o que é sempre positivo realçar.

Em modo nativo, os resultados seriam ainda provavelmente melhores, mas para tal seria necessário utilizar controladores específicos, sendo que as tentativas de os usar, com este *hardware*, foram infrutíferas, podendo dever-se a inexperiência na configuração.

 Com *hardware* específico, um *smartnic*, que não tinha sido comtemplado na fase preparatória desta dissertação, os programas *XDP* podem correr diretamente na placa de rede. Numa futura análise seria curioso saber o que se poderia alcançar.

Portanto, a alteração do limite máximo do algoritmo *BQL*, que limita a quantidade de dados que podem ser postos em espera, e a junção das três configurações diferentes (*BQL* + *TCP Small Queues* + *fq_codel*) produziram os melhores resultados observados nesta dissertação. Como referido acima, se o programa *XDP* tivesse sido carregado em modo nativo, a conclusão anterior poderia não ser verdade.

Manter o balanço entre latências baixas e desempenho foi também um desafio, uma vez que algumas soluções apresentavam por vezes resultados melhores, mas permitiam o envio de muito menos pacotes que outras, bloqueando as aplicações que os estavam a gerar.

É possível garantir o suporte para aplicações *Soft Real-Time* em sistemas baseados em *Linux*, ficando a dúvida se com *hardware* específico para o rápido processamento de pacotes e aliado a um programa *XDP* seria possível garantir o suporte para aplicações *Hard Real-Time*.

* 9 7 8 3 3 8 4 2 4 2 5 2 5 *